디지털과 AI 시대,
CEO와 리더를 위한 AI 리더십 지침서

AI 마인드셋과 AI력(力)으로
리더하라!

디지털과 AI 시대, 당신은 준비된 리더인가?

   세상은 지금, 전례 없는 속도로 변화하고 있다. 디지털 전환과 함께 AI(인공지능)는 기술의 혁신을 넘어 인간의 사고방식과 비즈니스의 본질까지 근본적으로 변화시키고 있다. 이제 우리는 과거의 경험과 직관만으로는 결코 생존할 수 없는 시대에 접어들었다. 리더에게 우리는 묻지 않을 수 없다. **"당신은 이 시대를 이끌 준비가 되어 있는가?"**

   AI는 단순한 기술 혁신이 아니다. 과거에 기계가 인간의 노동력을 대체했던 산업혁명과 달리, AI는 인간의 판단력과 창의력을 강화하거나 심지어는 능가하는 수준으로 진화하고 있다. 예를 들어, 몇 시간씩 걸리던 데이터 분석과 콘텐츠 창출이 몇 초 만에 가능해졌고, 고객의 행동을 예측하고 개인화된 경험을 제공하는 것은 이제 일상이 되었다. 이러한 변화는 리더의 역할에도 큰 질문을 던진다. **"우리는 AI를 단순히 도구로 이해하고 있는가, 아니면 그것을 우리의 경쟁력으로 전환하고 있는가?"**

   많은 리더가 AI의 잠재력과 위력을 이해하면서도 실질적으로 조직에 어떻게 적용해야 할지 막막함을 느낀다. 기술에 대한 두려움과 생소함, 직원들의 저항, 비용과 자원의 한계는 AI를 도입하는 데 있어 중요한 장애물로 작용한다. 하지만 이 장애물들을 넘어서지 못한다면, 경쟁에서 뒤처지는 것은 물론이고 조직의 생존 자체가 위태로울 수 있다. AI

시대는 단순히 **"적응해야 하는 변화"**가 아닌, **"새로운 표준"**을 의미한
다.

리더에게 AI 시대는 단순한 기술 채택의 문제가 아니라, 조직의 미래
를 설계하고 방향을 제시하는 근본적인 리더십의 전환을 요구한다. AI
가 인간의 판단력을 대체할 수는 없지만, 올바른 데이터와 통찰력을
제공함으로써 리더의 의사결정을 획기적으로 개선할 수 있다. 따라서,
이제는 기존의 직관과 경험에 의존하는 리더십에서 벗어나 데이터 기
반의 사고방식과 AI를 적극적으로 활용하는 전략적 리더십으로 진화
해야 할 때다.

그러나 이러한 변화는 단순히 기술을 배우는 것으로 끝나지 않는다.
AI 시대의 리더는 새로운 마인드셋(Mindset)과 역량을 갖춰야 한다.
변화와 혁신을 두려워하지 않는 자세, 실패를 성장의 자양분으로 삼는
태도, 데이터와 기술을 이해하고 활용하려는 열린 사고방식이 필수적
이다. 동시에, 조직 내 모든 구성원이 AI와 함께 일할 수 있는 환경을
조성하고, 이를 통해 기업 문화에 혁신의 DNA를 심어야 한다.

**AI는 이제 더 이상 선택이 아니다. 기업의 성공과 실패를 가르는
기준이며, 미래를 향한 성장의 핵심이다.** AI를 도입하지 않은 조직은
단기적으로는 현재의 관성을 유지할 수 있을지 모르지만, 장기적으로

는 시장에서 도태될 가능성이 크다. 반대로, AI를 통해 새로운 가치를 창출하고 시장의 흐름을 선도하는 조직은 지속 가능한 경쟁력을 확보할 수 있다.

독자로서 이 책을 집어든 당신은 이미 한 걸음 앞선 리더다. AI라는 기술과 도구를 넘어, 이를 통해 조직을 어떻게 혁신하고 경쟁력을 확보할 수 있을지 고민하는 단계에 있다. 이 책은 단순히 AI 기술을 설명하는 가이드가 아니다. 30년 이상의 경영 전략과 마케팅 분야 현장과 컨설팅 경험을 바탕으로, AI 시대에 리더가 갖춰야 할 마인드셋과 실질적인 AI力을 강화하기 위한 내용을 담았다.

마지막으로 다시 묻고 싶다!

"당신은 AI 시대의 리더로서 준비되어 있는가?"

이 질문에 당당히 "예"라고 답할 수 있도록, 이 책이 당신의 여정에 든든한 동반자가 되기를 바란다.

지은이 김용한

AI 마인드셋과 AI력(力)으로 리더하라!

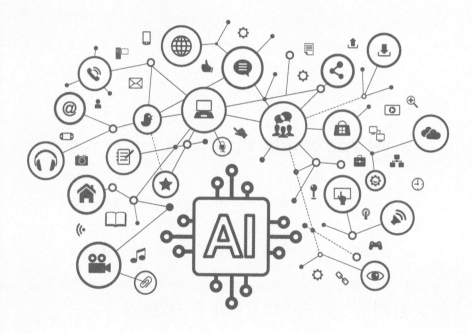

CONTENTS

3부 AI 力: 기업 리더가 알아야 하는 AI 실무 활용

CONTENTS

1부

AI 시대,
새로운 AI 리더십의 시작!

1장

AI가 바꾸는 경영 환경

디지털 전환과 AI 혁명 :
CEO와 임원의 역할 변화

디지털 전환과 AI(인공지능) 혁명은 단순한 기술적 진보의 차원을 넘어, 비즈니스와 사회 전반에 걸쳐 근본적인 변화를 가져오고 있다. 과거 수십 년간의 기술 발전이 단계적인 진화에 가까웠다면, AI는 우리가 알고 있던 모든 질서를 재편하는 혁명적 변화를 주도하고 있다. 이제 기업은 전통적인 운영 방식에 안주할 수 없다. CEO와 임원의 역할도 급격히 변화하고 있으며, 이 변화에 적응하지 못하는 리더는 조직과 함께 도태될 위기에 처해 있다.

AI는 산업 전반에서 새로운 표준을 제시하고 있다. 예를 들어, 제조업에서는 예측 유지보수와 스마트 팩토리 구축으로 운영 효율성을 극대화하고 있으며, 금융업에서는 정교한 데이터 분석과 예측 모델링을 통해 초개인화된 고객 서비스를 제공하고 있다. 유통업은 AI 기반 추천 시스템을 통해 고객 경험을 혁신하고 있으며, 의료업에서는 진단 정확도를 높이고 신약 개발 시간을 단축시키고 있다. 이러한 변화의 중심에는 AI가 있다. **"AI가 모든 산업과 업무의 중심이 되는 시대에, 기업 리더로서 우리는 무엇을 해야 하는가?"**라는 질문이 리더들의 어깨를 무겁게 한다.

전통적으로 CEO와 임원의 역할은 조직의 전략을 수립하고 운영을 감독하며, 시장의 변화를 예측해 선제적으로 대응하는 데 있었다. 그러나 AI 시대에 이러한 역할은 단순히 전략적 사고와 직관에 의존하는 것을 넘어, 기술과 데이터에 대한 깊은 이해와 통찰력을 요구한다. 리더는 이제 기술적 트렌드를 빠르게 파악하고 이를 비즈니스 모델에 적용할 수 있는 역량을 갖춰야 한다. AI를 단순히 "기술 부서의 문제"로 치부하는 리더는 이미 게임에서 뒤처지고 있다.

디지털 대전환은 AI를 중심으로 새로운 경쟁의 규칙을 만들고 있다. AI는 인간이 도달할 수 없는 속도로 방대한 데이터를 분석하고, 중요한 통찰을 도출하며, 의사결정을 자동화한다. 이러한 기능은 단순히 조직의 효율성을 높이는 데 그치지 않는다. 새로운 고객 경험을 창출하고, 더 나은 제품과 서비스를 제공하며, 시장에서 경쟁 우위를 확보할 수 있는 강력한 무기가 된다. 하지만 이러한 잠재력을 실현하려면, 리더가 AI의 가능성과 한계를 명확히 이해하고, 이를 조직 전략에 통합해야 한다.

또한, **리더는 AI를 둘러싼 윤리적 문제와 사회적 책임을 간과할 수 없다.** 데이터 프라이버시, 알고리즘 편향, 그리고 AI로 인해 발생할 수 있는 일자리 감소 등은 조직 내부와 외부에서 심도 있는 논의와 신중한 접근이 필요한 주제다. AI를 도입함으로써 단기적인 성과를 얻을 수는 있겠지만, 윤리적 고려 없이 AI를 활용하면 장기적으로 조직의 평판과 신뢰를 손상시킬 위험이 있다. 따라서 리더는 AI가 가져올 이익뿐 아니라, 이를 책임 있게 사용하고 윤리적 기준을 준수하는 데 있어서도 명확한 입장을 제시해야 한다.

AI 혁명은 리더의 리더십 방식에도 변화를 요구한다. 과거의 리더십이 명령과 통제 중심의 "탑다운(Top-down)" 방식이었다면, AI 시대의 리더십은 데이터와 통찰을 바탕으로 협업과 창의성을 이끄는 방향으로 전환되어야 한다. 예를 들어, AI가 데이터를 기반으로 의사결정을 지원하더라도 최종적인 판단과 실행은 여전히 인간의 몫이다. 이 과정에서 리더는 데이터를 해석하고, AI가 제시한 결과를 검토하며, 이를 조직의 목표와 비전에 맞게 조율할 수 있는 역량을 갖춰야 한다.

AI가 가져온 또 다른 변화는 리더가 조직 문화를 이끌어야 하는 방식이다. AI는 단순히 기술적인 도구가 아니다. 그것은 조직의 일하는 방식을 바꾸고, 사고방식을 혁신하며, 업무의 본질을 재정의한다. 그러나 기술의 도입은 종종 조직 내 저항을 초래한다. 직원들은 AI가 자신의 역할을 대체할지 모른다는 두려움에 직면하거나, 새로운 기술에 적응하는 데 어려움을 겪을 수 있다. 리더는 이러한 두려움을 완화하고, AI가 직원들의 역량을 강화하며 새로운 기회를 창출할 수 있음을 설득해야 한다. 동시에 AI를 도입하기 위한 학습 환경과 지원 체계를 구축하여 조직 전체가 변화에 적응할 수 있도록 돕는 것이 중요하다.

결국, **AI 시대의 CEO와 임원의 역할 변화는 "기술적 역량"과 "인간적 통찰력"을 동시에 요구한다.** 리더는 AI를 단순히 효율성을 높이는 도구로 여기는 것을 넘어, 그것을 통해 더 나은 의사결정을 내리고 조직의 잠재력을 극대화할 수 있는 비전과 전략을 제시해야 한다. 또한, 리더는 AI를 통해 단기적인 성과를 넘어 장기적으로 지속 가능한 성장을 이루기 위한 방향을 설정해야 한다.

AI 시대는 이미 도래했다. 그리고 이 시대는 과거의 경험과 관성에 의존하는 리더를 더 이상 기다려주지 않는다. 리더는 변화의 최전선에서 AI를 이해하고, 이를 조직의 전략적 도구로 활용하며, 직원들과 함께 혁신을 주도해야 한다. 이제 리더에게 필요한 것은 단순한 기술 이해를 넘어선 새로운 패러다임의 리더십이다. AI 혁명은 위기와 기회를 동시에 가져온다. 당신의 조직은 이 혁명 속에서 어떤 선택을 할 것인가? 그리고 당신은 그 선택을 이끌 준비가 되어 있는가?

AI 시대의 변화와 기업 생존 전략

AI는 과거 우리가 경험했던 그 어떤 기술 혁신보다 강력하고 광범위한 영향을 미치고 있다. 디지털 전환(Digital Transformation)이 기업의 필수 과제로 떠오르면서 AI는 이를 가속화하는 중심 동력으로 자리 잡았다. AI는 데이터 분석, 자동화, 예측, 개인화, 콘텐츠 창출 등에서 혁신을 이끌며 기업의 경쟁 환경을 근본적으로 바꾸고 있다. 과거의 비즈니스 규칙과 성공 방정식은 더 이상 통하지 않는다. AI 시대에 기업이 생존하고 성장하기 위해서는 새로운 전략과 사고방식이 필요하다.

AI가 기업 환경에 가져온 가장 큰 변화는 비즈니스 속도의 가속화다. 데이터의 양과 복잡성이 급증하는 상황에서, AI는 이를 실시간으로 분석하고 통찰을 제공할 수 있는 유일한 도구다. 예를 들어, 고객의 구매 패턴을 분석해 맞춤형 마케팅 전략을 세우거나, 공급망 데이터를 기반으로 재고와 물류를 최적화하는 것이 가능해졌다. 하지만 이러한 기술을 활용하지 못하는 기업은 더 이상 변화하는 시장의 요구를 충족시킬 수 없으며, 경쟁사에 뒤처질 수밖에 없다. AI를 적극적으로 도입하지 않는 기업은 단순히 성장의 기회를 잃는 것이 아니라, 생존 자체를 위협받게 된다.

AI는 또한 전통적인 산업 경계와 비즈니스 모델을 허물고 있다. 자동차 제조업체가 이제는 자율주행 기술 기업으로 변신하고, 소매업체가 AI 기반 플랫폼 비즈니스를 통해 데이터를 거래하는 시대가 되었다. 이는 모든 기업이 자신을 새롭게 정의하고 기존의 틀에서 벗어나야 한다는 것을 의미한다. 예를 들어, 넷플릭스(Netflix)는 단순히 콘텐츠 스트리밍 서비스를 제공하는 회사로 머무르지 않았다. AI를 통해 고객의 선호도를 분석하고, 데이터 기반의 콘텐츠 제작을 통해 새로운 가치를 창출하며 업계의 선두주자로 자리 잡았다. 이런 사례는 AI를 적극 활용하는 기업만이 빠르게 변화하는 환경에서 기회를 포착하고 생존할 수 있음을 보여준다.

하지만 변화는 기회와 동시에 위기를 의미하기도 한다. **AI가 가져온 가장 큰 도전은 기업의 운영 방식과 문화에 대한 근본적인 변화를 요구한다는 점이다.** AI를 도입하려면 기존의 업무 프로세스를 재설계해야 하며, 이를 구현하기 위한 인프라와 데이터 환경을 구축해야 한다. 이 과정에서 많은 기업이 비용 부담, 기술적 한계, 그리고 조직 내부의 저항에 직면한다. 이러한 저항은 기술 도입을 늦추고, 결국 기업의 생존 가능성을 약화시킬 수 있다. 따라서 AI 시대의 생존 전략은 단순히 기술을 도입하는 데 그치지 않고, 조직 전체가 AI의 가치를 이해하고 이를 수용할 수 있도록 만드는 데 있다.

AI 시대에 기업이 생존하기 위해서는 데이터 중심의 사고방식과 혁신적인 리더십이 필수적이다. 데이터는 AI를 움직이는 연료와 같다. 데이터가 풍부하고 신뢰할 수 있을수록 AI의 성능은 높아진다. 하지만 모든 기업이 데이터를 제대로 활용할 준비가 되어 있는 것은 아니다. 데이터를 수집하고 저장하는 데 집중하지만, 이를 분석하거나 비즈니스에 적용하지 못하는 경우가 많다. 따라서 리더는 데이터의 품질과 활용 가능성을 높이는 데 초점을 맞춰야 하며, 조직 내 데이터 문화를 조성해야 한다. 이를 통해 기업은 AI를 활용해 효율성을 높이고, 새로운 기회를 포착하며, 시장에서 경쟁 우위를 확보할 수 있다.

AI를 중심으로 한 기업 생존 전략의 또 다른 핵심 요소는 빠른 학습과 적응이다. 기술의 발전 속도가 그 어느 때보다 빠른 AI 시대에서는 과거의 성공 경험이나 기존의 방법론이 더 이상 효과적이지 않을 수 있다. 따라서 기업은 빠르게 배우고 적응하는 조직으로 진화해야 한다. 실패를 두려워하지 않고, 새로운 아이디어를 실험하며, 데이터를 통해 끊임없이 학습하는 문화를 구축해야 한다. 예를 들어, 아마존(Amazon)은 AI를 통해 배송 네트워크를 최적화하고, 고객의 구매 습관을 예측하며, 새로운 비즈니스 모델을 빠르게 테스트함으로써 시장의 변화에 선제적으로 대응하고 있다. 이러한 기민함과 유연성은 AI 시대에서 기업의 생존 가능성을 높이는 중요한 전략이다.

또한, **기업은 AI를 활용해 고객 중심의 전략을 강화해야 한다.** AI는 고객 데이터를 분석해 그들이 원하는 것을 정확히 예측하고, 개별화된 경험을 제공할 수 있다. 이를 통해 고객 충성도를 높이고, 시장에서의 입지를 강화할 수 있다. 예를 들어, 스타벅스(Starbucks)는 AI를 활용해 고객의 음료 선호도와 구매 기록을 분석하고, 개인화된 추천을 통해 고객 만족도를 높였다. 이러한 전략은 단순히 판매를 촉진하는 것을 넘어, 고객과의 장기적인 관계를 구축하는 데 기여한다.

AI 시대에서 기업이 생존하고 성장하기 위해서는 다음과 같은 전략이 필요하다.

첫째, AI와 데이터를 중심으로 비즈니스 모델과 운영 방식을 혁신해야 한다.

둘째, 조직 전반에 걸쳐 AI의 가치를 이해하고 이를 수용할 수 있는 문화를 조성해야 한다.

셋째, 빠르게 변화하는 환경에 적응하고 학습하는 능력을 강화해야 한다.

넷째, AI를 활용해 고객 중심의 전략을 실행하고, 지속 가능한 성장을 추구해야 한다.

AI는 기업에게 무한한 가능성과 함께 막대한 도전을 안겨준다. 이러한 도전은 기업이 새로운 사고방식과 전략을 채택하고, 기존의 한계를 넘어설 수 있는 기회를 제공한다. AI 시대의 승자는 변화의 속도에 맞춰 자신을 재창조하고, 시장에서 독보적인 가치를 제공할 수 있는 기업이다. 당신의 조직은 이 도전에 준비되어 있는가? 그리고 당신은 이러한 변화를 이끌 준비가 되어 있는가? AI는 선택이 아니라, 생존과 직결된 필수 전략이다. AI 시대의 물결 속에서 기업의 생존 전략은 바로 당신의 선택과 결단에 달려있다.

변화의 시대에서 리더의 역할

우리는 지금, 전례 없는 변화의 시대를 살고 있다. 디지털 전환과 AI 혁명이 모든 산업과 비즈니스의 구조를 뒤흔들고 있다. 고객의 기대는 급격히 변화하고 있고, 기술은 새로운 기준을 만들어내며, 글로벌 경쟁은 끝없는 속도로 치열해지고 있다. 이 혼란의 중심에서 리더의 역할은 어느 때보다 중요하다. 기존의 리더십 방식은 더 이상 유효하지 않다. 변화의 물결 속에서 생존과 성장을 이끄는 리더는 단순히 적응하는 것을 넘어 변화를 주도해야 한다.

리더는 무엇보다 변화의 방향을 예측하고, 조직이 그 변화에 맞춰 준비할 수 있도록 명확한 비전을 제시하는 역할을 해야 한다. 변화는 항상 불확실성을 동반하며, 이러한 불확실성은 조직 내 혼란과 저항을 초래할 수 있다. 리더는 이러한 상황에서 직원들이 미래에 대한 두려움 대신 기회를 볼 수 있도록 도와야 한다. 예를 들어, AI가 단순히 일자리를 대체하는 기술로 인식되지 않도록 하고, 오히려 조직의 역량을 강화하고 성과를 극대화할 수 있는 도구로 자리 잡을 수 있게 해야 한다. 변화 속에서 리더의 비전은 조직의 나침반 역할을 하며, 구성원들에게 방향성을 제공한다.

이러한 비전을 실현하기 위해 **리더는 변화를 수용하고 혁신을 촉진하는 문화를 조성해야 한다.** AI 시대는 실패를 두려워하지 않고, 끊임없이 실험하며 배우는 조직만이 성공할 수 있음을 의미한다. 전통적인 리더십에서는 실패가 낙오를 의미했을지 모르지만, 오늘날의 리더는 실패를 학습과 성장의 기회로 바라보아야 한다. 직원들이 새로운 아이디어를 시도하고, 데이터를 활용해 실질적인 문제를 해결할 수 있도록 격려하는 리더십이 요구된다. 이는 단순히 기술적인 도구를 도입하는 것을 넘어, 조직 내 모든 사람이 변화와 혁신의 동참자가 될 수 있는 환경을 만드는 것이다.

AI와 디지털 기술이 비즈니스에 도입됨에 따라, **리더는 단순히 전략적인 사고에 머물지 않고 기술을 이해하고 활용하는 실행력도 갖추어야 한다.** AI가 비즈니스에서 어떤 가치를 창출할 수 있는지 이해하고, 이를 조직 내 적합한 영역에 적용할 수 있는 능력은 이제 필수가 되었다. 예를 들어, AI를 통해 고객 데이터를 분석하고 맞춤형 서비스를 제공하거나, 공급망 관리를 최적화하는 방법을 리더가 이해하고 있어야 한다. 이러한 실행력을 바탕으로 조직 내 기술 도입을 주도하고, 이를 통해 직원들이 실제로 성과를 낼 수 있도록 돕는 것이 리더의 역할이다.

동시에, **리더는 조직 내 변화에 대한 저항을 극복하고 신뢰를 구축해야 한다.** AI와 같은 새로운 기술은 종종 직원들에게 두려움과 불안을 초래한다. "AI가 나의 역할을 대체할 것인가?"라는 질문은 많은 사람에게 실질적인 걱정으로 다가온다. 리더는 이러한 두려움을 해소하고, AI가 업무를 대체하는 것이 아니라 증강하고 보완하는 역할을 한다는 점을 강조해야

AI 마인드셋과 AI력(力)으로 리더하라!

한다. 또한, AI를 도입하는 과정에서 직원들의 역량을 강화하기 위한 교육과 지원을 제공해야 한다. 이를 통해 조직 전체가 변화를 긍정적으로 받아들이고, 함께 성장할 수 있는 기반을 마련할 수 있다.

변화의 시대에서 리더는 데이터 중심의 사고방식을 조직에 심어야 한다. AI는 방대한 데이터를 활용해 통찰을 도출하고, 더 나은 의사결정을 가능하게 한다. 그러나 데이터가 제대로 활용되지 않는 조직에서는 AI의 잠재력을 충분히 발휘할 수 없다. 리더는 데이터를 단순히 수집하는 데 그치지 않고, 이를 분석하고 전략적으로 활용할 수 있는 문화를 조성해야 한다. 데이터에 기반한 의사결정은 조직의 민첩성을 높이고, 변화하는 시장 환경에 더 빠르고 정확하게 대응할 수 있도록 한다.

또한, **리더는 조직의 윤리적 방향성을 제시하는 역할도 맡아야 한다.** AI는 강력한 도구이지만, 잘못 사용되면 편향, 데이터 프라이버시 침해, 사회적 불평등 등의 문제를 초래할 수 있다. 리더는 AI를 책임감 있게 사용하고, 이를 통해 사회적 가치를 창출할 수 있는 전략을 수립해야 한다. 예를 들어, 고객 데이터를 활용할 때 투명성과 신뢰를 유지하는 동시에, 데이터 보호를 위한 강력한 시스템을 구축해야 한다. 이러한 윤리적 리더십은 조직의 평판을 보호할 뿐만 아니라, 장기적으로 지속 가능한 성장을 가능하게 한다.

마지막으로, **리더는 글로벌 관점에서 변화와 혁신을 바라보는 안목을 가져야 한다.** AI는 국경을 초월한 기술이며, 글로벌 경쟁 환경에서 새로운 기회를 창출할 수 있는 잠재력을 갖고 있다. 리더는 AI를 활용해 해외 시장을 개척하고, 글로벌 고객에게 맞춤형 솔루션을 제공하며, 새로운 비즈니스 모델을 개발할 수 있는 가능성을 모색해야 한다. 변화의 시대에 글로벌 관점은 기업이 단순히 생존하는 것을 넘어, 지속 가능한 경쟁 우위를 확보할 수 있도록 돕는다.

당신은 이러한 역할을 수행할 준비가 되어 있는가? 변화는 이미 시작되었고, 리더로서의 선택과 행동이 조직의 미래를 결정하게 될 것이다.

【기존 리더와 변화의 시대 리더 역할 비교】

구분	기존 기업의 리더	변화의 시대 리더
리더십 방식	명령과 통제 중심의 탑다운 (Top-down) 리더십	협업과 참여를 유도하는 서번트 (Servant) 리더십
의사결정 방식	경험과 직관에 기반	데이터와 AI에 기반한 의사결정
변화 대응	안정성을 유지하며 점진적인 변화 추구	불확실성을 수용하며 선제적이고 혁신적인 변화 주도
기술 이해	기술은 지원 부서의 문제로 간주	AI와 디지털 기술에 대한 이해와 전략적 활용
조직 문화	효율성과 절차 중심	혁신, 실험, 실패를 허용하는 창의적 문화
교육 및 학습	필요 시 교육 제공	지속적인 학습과 조직 내 학습 환경 구축
직원 관리	성과 중심, 개별 성과 평가	역량 강화와 협업, 직원들의 참여와 성장 지원
변화에 대한 태도	변화 저항 또는 수동적 적응	변화를 기회로 보고 능동적으로 주도
글로벌 관점	지역적 또는 국가적 관점에 초점	글로벌 시장과 연결된 넓은 관점
윤리적 책임	법적 준수에 초점	AI 및 기술 활용에서 윤리적 책임과 지속 가능성 강조

AI 마인드셋과 AI력(力)으로 리더하라!

리더가 AI를 알고 조직에 확산해야 하는 이유

AI는 효율성을 높이는 것을 넘어, 기업의 미래를 결정짓는 핵심 요소로 자리 잡았다. AI는 비즈니스 환경과 경쟁 구도를 근본적으로 바꾸고 있으며, 이를 효과적으로 활용하는 기업만이 변화하는 시대에서 생존과 성장을 이룰 수 있다. 이런 상황에서 리더가 AI를 이해하고 이를 조직에 확산하는 것은 선택이 아닌 필수다. AI에 대한 이해가 부족한 리더는 더 이상 조직 미래 방향을 이끌 수 없으며, 결과적으로 조직의 경쟁력을 잃게 된다. 리더가 AI를 알고 조직에 이를 확산해야 하는 이유를 다음과 같이 살펴볼 수 있다.

첫째, AI는 조직 전략의 중심이 되고 있다. 과거에는 기술적 혁신이 지원 부서에서 다루어졌다면, AI는 조직 전체의 전략 수립과 운영 방식에 직접적인 영향을 미친다. 예를 들어, 고객 데이터를 분석해 맞춤형 서비스를 제공하거나, 공급망을 최적화하고 운영 비용을 절감하는 등 AI는 전사적으로 큰 영향을 미칠 수 있는 도구다. 하지만 AI의 잠재력을 제대로 이해하지 못하는 리더는 조직의 자원을 어디에 투자해야 할지 판단할 수 없다. 리더가 AI의 개념과 기능을 명확히 이해할 때만 조직의 전략과 기술이 하나로 통합될 수 있다.

둘째, 리더는 AI의 도입과 확산을 주도하는 책임이 있다. 조직에서 새로운 기술이나 변화가 성공적으로 자리 잡으려면 리더의 적극적인 지원과 명확한 비전이 필요하다. 리더가 AI를 이해하지 못하면, 기술 도입이 단순한 트렌드 따라잡기 수준에 머물며 조직의 목표와 연결되지 못할 위험이 크다. AI의 도입은 기술만의 문제가 아니라, 조직의 문화와 업무 방식, 그리고 사고방식의 변화를 동반한다. 리더는 이러한 변화를 주도하며, 직원들이 AI를 활용해 더 나은 성과를 낼 수 있도록 지원해야 한다.

셋째, AI는 데이터 기반의 의사결정을 가능하게 한다. 과거 리더들은 주로 직관과 경험에 의존해 중요한 결정을 내렸다. 그러나 데이터가 폭발적으로 증가하고, AI가 이 데이터를 실시간으로 분석해 중요한 통찰을 제공할 수 있게 된 지금, 경험과 직관만으로는 더 이상 경쟁에서 살아남을 수 없다. 리더는 데이터를 기반으로 의사결정을 내리는 새로운 방식에 익숙해져야 하며, 이를 조직의 표준으로 정착시킬 필요가 있다. 데이터를 통해 얻어진 인사이트를 전략적으로 활용하는 능력은 이제 리더가 갖춰야 할 핵심 역량이다.

넷째, 리더가 AI를 이해하면 조직 내 직원들의 저항을 줄일 수 있다. AI는 조직의 생산성을 높이고 혁신을 가져올 수 있는 잠재력이 크지만, 직원들에게는 종종 두려움의 대상이 된다. AI가 자신의 업무를 대체할 것이라는 막연한 불안감은 AI 도입 과정에서 주요 저항 요소가 된다. 리더가 AI를 잘 이해하고 이를 활용해 직원들의 역량을 강화하며, AI가 개인과 조직 모두에게 긍정적인 영향을 미칠 수 있다는 점을 명확히 설명한다면, 이런 저항을 줄이고 변화를 수용하게 만들 수 있다.

다섯째, 리더가 AI를 이해하고 조직에 확산하면 지속 가능한 경쟁 우위를 확보할 수 있다. 오늘날의 경쟁 환경은 과거보다 훨씬 더 복잡하고 빠르게 변화하고 있다. AI는 이러한 변화에 대한 민첩한 대응을 가능하게 하며, 새로운 기회를 선점할 수 있도록 돕는다. AI를 효과적으로 활용하는 기업은 고객 행동을 예측하고, 제품이나 서비스를 개인화하며, 비용을 절감하고, 생산성을 높일 수 있다. 리더가 AI를 통해 조직의 경쟁력을 강화하는 전략을 명확히 제시할 수 있다면, 이는 시장에서의 생존을 넘어 지속 가능한 성장을 가능하게 할 것이다.

여섯째, AI 도입 과정에서 윤리적 리더십이 필요하다. AI는 강력한 도구이지만, 잘못 사용될 경우 데이터 프라이버시 침해, 알고리즘 편향, 사회적 불평등 같은 부작용을 초래할 수 있다. 리더는 AI 활용의 윤리적 기준을 설정하고, 이를 기반으로 책임 있는 의사결정을 내릴 수 있어야 한다. 고객과 직원들이 신뢰할 수 있는 AI 활용 환경을 조성하는 것은 조직의 평판을 보호하고, 장기적으로 경쟁 우위를 확보하는 데 매우 중요하다.

마지막으로, 리더가 AI를 알고 이를 조직에 확산하는 것은 단순히 현재의 기술적 과제를 해결하는 것을 넘어, 미래를 준비하는 것이다. AI는 지속적으로 진화하고 있으며, 미래의 기술 환경은 지금보다 훨씬 더 복잡하고 도전적일 것이다. 리더가 지금 AI를 배우고 이를 조직에 적용하는 경험을 쌓는다면, 미래의 기술적 도전에도 민첩하게 대응할 수 있는 조직 역량을 키울 수 있다.

 리더가 AI를 알고 조직에 확산해야 하는 이유는 AI가 단순한 기술이 아니라 기업 생존과 성장의 필수 조건이기 때문이다. 리더는 AI를 통해 조직의 전략을 혁신하고, 데이터를 기반으로 의사결정을 내리며, 직원들과 함께 새로운 기회를 창출할 수 있어야 한다. AI는 단순히 도입하는 것이 아니라, 조직의 DNA로 스며들게 해야 한다. 이 과정에서 리더의 역할은 기술 이해를 넘어 조직의 변화를 주도하는 데 있다. 변화의 시대에서 리더는 AI를 알고, 이를 활용해 미래를 설계하는 비전을 제시해야 한다. AI를 모르는 리더는 조직의 방향을 잃는다. 하지만 AI를 이해하고 주도하는 리더는 조직의 미래를 만들어간다.

2장

AI란 무엇인가?
CEO를 위한 AI의 이해

AI의 핵심 기술과 비즈니스 응용

AI는 현대 비즈니스의 판도를 바꾸는 가장 강력한 도구 중 하나다. AI가 단순히 기술 혁신의 하나로 머무는 것이 아니라, 기업의 전략적 자산으로 자리 잡은 지금, 리더들은 그 본질을 깊이 이해하고 조직에 응용할 방안을 고민해야 한다. 그러나 AI를 도입하기 전에 먼저 그 핵심 기술과 실제 비즈니스 응용 가능성을 명확히 파악하는 것이 필수적이다. AI의 이해 없이는 그 잠재력을 최대한 활용할 수 없으며, 이는 곧 경쟁력의 상실로 이어질 수 있다.

AI의 핵심 기술은 크게 네 가지로 요약된다. 머신러닝(ML, Machine Learning), 딥러닝(DL, Deep Learning), 자연어 처리(NLP, Natural Language Processing), 그리고 컴퓨터 비전(Computer Vision)이다.

머신러닝(ML)은 데이터를 분석하고 학습한 패턴을 바탕으로 의사결정을 돕는 기술이다. 예를 들어, 은행은 머신러닝으로 신용 점수를 평가하고 대출 승인 여부를 판단한다. 이 기술은 방대한 데이터에서 인사이트를 추출하며, 기존 통계 분석보다 높은 정확도를 제공한다.

딥러닝(DL)은 머신러닝의 하위 분야로, 인간의 뇌 신경망을 모방한 인공신경망(ANN, Artificial Neural Network)을 사용해 더 정교한 문제를 해결한다. 딥러닝은 자율주행차, 음성 인식, 그리고 이미지 분류와 같은 복잡한 작업에 주로 사용된다. 특히 딥러닝은 대규모 데이터에서 놀라운 성과를 발휘하며, 기업이 기술적으로 고도화된 문제를 해결할 수 있는 새로운 가능성을 열어준다.

자연어 처리(NLP)는 텍스트와 음성을 처리하는 기술로, AI가 인간 언어를 이해하고 생성할 수 있도록 한다. 고객 서비스에서 챗봇이나 가상 비서의 활용은 NLP의 대표적인 사례다. 기업은 이를 통해 고객 문의를 자동화하고, 대화형 서비스를 통해 고객 경험을 개선할 수 있다.

컴퓨터 비전(Computer Vision)은 이미지를 분석하고 이해하는 기술로, 얼굴 인식, 상품 분류, 공장 자동화 등에서 사용된다. 예를 들어, 유통 기업은 컴퓨터 비전을 통해 재고를 자동으로 추적하고, 제조업체는 이를 활용해 품질 검사 프로세스를 자동화한다.

이러한 기술들은 개별적으로도 강력하지만, 상호 결합될 때 그 잠재력은 더욱 극대화된다. 예를 들어, 자율주행차는 딥러닝, 컴퓨터 비전, 그리고 센서 데이터를 통합해 도로 상황을 실시간으로 분석하고, 안전한 경로를 계획할 수 있다.

◆ AI의 비즈니스 응용 사례

AI의 핵심 기술은 비즈니스 전반에 다양한 방식으로 적용될 수 있다.

먼저, 고객 경험의 개인화가 있다. AI는 고객 데이터를 분석해 그들의 선호도와 행동 패턴을 파악하고, 맞춤형 서비스를 제공할 수 있다.

예를 들어, 넷플릭스(Netflix)는 AI를 활용해 사용자가 좋아할 만한 콘텐츠를 추천하고, 이를 통해 사용자 경험을 극대화하며 이탈률을 줄이고 있다.

다음은 운영 효율성 향상이다. 제조업에서는 AI를 통해 생산 라인을 최적화하고, 예측 유지보수를 통해 장비의 가동 중단 시간을 줄인다. 유통업에서는 AI를 활용해 공급망을 분석하고 물류를 효율적으로 관리한다. AI는 단순히 비용을 절감하는 것을 넘어, 자원의 효율적인 배분과 더 나은 운영 방식을 가능하게 한다.

또한, AI는 의사결정 지원에서 강력한 도구로 자리 잡고 있다. 방대한 데이터를 빠르게 분석해 비즈니스 통찰력을 제공하며, 이를 기반으로 한 전략적 결정을 도와준다. 예를 들어, 금융 업계에서는 AI를 활용해 시장 트렌드를 분석하고, 리스크를 평가하며, 투자 전략을 최적화한다.

AI는 신제품과 서비스 개발에서도 중요한 역할을 한다. AI가 생성한 데이터를 기반으로 기업은 기존에 없던 새로운 비즈니스 모델을 창출할 수 있다. 스타트업에서부터 글로벌 대기업까지 AI를 활용해 차별화된 제품과 서비스를 시장에 선보이며 경쟁력을 확보하고 있다.

마지막으로, AI는 보안 및 리스크 관리에서도 중요한 응용 분야다. 사이버 보안 솔루션은 AI를 활용해 네트워크 상의 이상 활동을 감지하고, 잠재적인 위협을 신속히 차단한다. 금융 기관은 AI로 금융 사기를 탐지하고 예방하며, 보험사는 리스크를 사전에 분석해 관리할 수 있다.

◆ 왜 리더가 AI의 기술과 응용을 알아야 하는가?

AI는 모든 비즈니스의 DNA를 재정의하고 있다. 기업의 리더는 AI가 제공하는 기회와 리스크를 명확히 이해해야 하며, 이를 통해 조직의 전략을 혁신할 수 있어야 한다. AI 기술과 비즈니스 응용 가능성을 아는 리더는 조직의 경쟁력을 한층 강화할 수 있다. 반대로, AI의 가능성을 간과하거나 기술을 이해하지 못하는 리더는 변화의 흐름에서 조직을 뒤처지게 할 수 있다.

리더는 AI를 통해 어디에 투자해야 하는지, 어떤 기술이 조직에 필요한지, 기술 도입이 어떻게 비즈니스 목표와 연결될 수 있는지를 명확히 이해해야 한다. 또한, AI의 도입은 기술만의 문제가 아니라, 조직 문화와 인재 육성, 윤리적 책임까지 고려해야 하는 포괄적인 과제다.

AI의 핵심 기술과 비즈니스 응용은 리더가 반드시 숙지해야 할 필수 지식이다. 이를 통해 리더는 조직이 변화의 최전선에서 경쟁력을 유지하며, AI 시대의 주도권을 확보할 수 있다. AI는 단순한 기술 혁신이 아니라, 기업이 미래를 설계하고 성공을 창출할 수 있는 가장 강력한 도구다. AI를 이해하고 활용할 준비가 되어 있는 리더만이 변화의 시대에서 조직을 이끌 수 있다.

Chat GPT부터 생성형 AI까지: 리더가 알아야 할 트렌드

　AI는 기술 진화의 정점에서 단순한 문제 해결 도구를 넘어, 창의적이고 혁신적인 가능성을 열어주는 새로운 시대를 열었다. 이 중심에는 생성형 AI(Generative AI)가 있다. 생성형 AI는 텍스트, 이미지, 음성, 동영상 등 다양한 콘텐츠를 생성할 수 있는 기술로, 기업의 업무 방식과 비즈니스 모델을 근본적으로 변화시키고 있다. 특히 ChatGPT와 같은 대화형 AI(Chatbot)는 기업 운영과 고객 경험에 즉각적인 영향을 미치며, 리더들에게 중요한 경고와 기회를 동시에 제공하고 있다.

　생성형 AI는 AI의 기술적 진보를 상징하는 중요한 이정표다. 과거의 AI가 주로 데이터를 분석하고 예측하는 데 초점을 맞췄다면, 생성형 AI는 데이터를 기반으로 새로운 것을 만들어낸다. 예를 들어, ChatGPT는 사람과 자연스러운 대화를 나누는 동시에 창의적인 텍스트를 생성할 수 있다. 이는 단순한 대화형 도구를 넘어, 고객 지원, 마케팅, 교육, 연구 개발 등 다양한 분야에서 새로운 가능성을 열어준다.

◆ 생성형 AI: 무엇이 다른가?

기존의 AI는 정해진 규칙이나 패턴을 학습해 예측하거나 분류하는 데 강점을 보였다. 하지만 생성형 AI는 학습한 데이터를 바탕으로 새로운 콘텐츠를 생성한다는 점에서 차별화된다.

이 기술의 핵심은 대규모 언어 모델(LLM, Large Language Model)과 같은 딥러닝 기반 알고리즘에 있다. 생성형 AI는 방대한 데이터를 학습해 인간과 비슷한 수준의 텍스트, 이미지, 음성을 만들어낼 수 있다.

ChatGPT(OpenAI의 모델)는 생성형 AI 기술의 대표적인 사례다. 이 모델은 질문에 대한 답변, 문서 요약, 창의적인 글쓰기 등 다양한 작업을 수행할 수 있다. 예를 들어, 기업은 ChatGPT를 활용해 고객의 문의에 자동으로 답변하거나, 대규모 보고서를 요약해 의사결정을 지원하는 데 활용할 수 있다.

생성형 AI는 이미지 생성 도구(DALL·E), 음성 합성 기술, 동영상 제작 소프트웨어 등으로 확장되면서 산업 전반에서 혁신적인 변화를 이끌고 있다. 패션, 미디어, 광고, 헬스케어, 교육 등 다양한 산업에서 생성형 AI는 이미 필수적인 기술로 자리 잡아가고 있다.

◆ 리더가 알아야 할 주요 트렌드

① 비즈니스 자동화의 가속화

생성형 AI는 단순 반복 업무를 자동화하는 것을 넘어, 창의적이고 전략적인 작업도 자동화할 수 있다. 예를 들어, AI는 마케팅 캠페인에 필요한 콘텐츠를 자동 생성하거나, 상품 설명을 작성하고, 광고 디자인을 개발할 수 있다. 리더는 이러한 자동화를 통해 생산성을 높이는 동시에, 인력을 창의적이고 고부가가치 영역으로 재배치할 수 있다.

② 초개인화된 고객 경험 제공

생성형 AI는 고객 데이터를 분석해 개인화된 콘텐츠를 생성함으로써, 고객 경험을 혁신할 수 있다. 예를 들어, 전자상거래 기업은 AI를 활용해 고객의 구매 이력을 기반으로 맞춤형 추천을 제공하고, 고객의 취향에 맞는 마케팅 메시지를 생성할 수 있다. 이는 고객 충성도를 강화하고, 매출을 증가시키는 데 큰 역할을 한다.

③ 교육 및 학습의 혁신

생성형 AI는 교육과 훈련 분야에서도 강력한 도구로 활용되고 있다. 기업은 AI를 활용해 직원들에게 개인화된 학습 자료를 제공하거나, 복잡한 개념을 간단히 설명하는 인터랙티브 학습 환경을 조성할 수 있다. ChatGPT와 같은 도구는 언제 어디서나 학습할 수 있는 접근성을 제공하며, 이는 조직의 역량 강화와 직결된다.

④ 연구 개발(R&D)의 가속화

생성형 AI는 데이터 분석을 넘어 새로운 아이디어를 제안하거나, 기술적 문제를 해결하는 데 중요한 도구로 활용된다. 예를 들어, 제약 회사는 AI를 사용해 신약 개발 과정을 단축하고, 최적의 화합물을 제안받을 수 있다. 또한, 엔지니어링과 제품 디자인에서도 AI는 빠르고 정교한 설계안을 생성하는 데 기여할 수 있다.

⑤ 윤리적 이슈와 규제의 부각

생성형 AI는 혁신적인 가능성을 제공하지만, 동시에 중요한 윤리적 이슈와 도전 과제를 동반한다. 허위 정보 생성, 알고리즘 편향, 저작권 침해 등은 리더가 반드시 주목해야 할 문제다. 기업은 AI를 활용하는 동시에, 윤리적 기준을 수립하고 책임 있는 AI 활용 방안을 모색해야 한다. 이는 단순히 사회적 책임의 문제가 아니라, 기업의 지속 가능한 성장과도 연결된다.

♦ 생성형 AI 활용의 기업 사례

많은 기업이 생성형 AI를 도입해 혁신적인 변화를 이끌어내고 있다.

- **마케팅:** 글로벌 광고 회사는 생성형 AI를 사용해 수백 개의 광고 카피를 단시간에 생성하고, 이를 데이터 분석을 통해 최적화하고 있다.
- **고객 서비스:** 전자상거래 기업은 ChatGPT를 활용해 고객의 질문에 실시간으로 답변하며, 고객 만족도를 대폭 향상시켰다.
- **콘텐츠 제작:** 미디어 기업은 생성형 AI로 자동화된 뉴스 기사를 작성하거나, 개인화된 동영상 콘텐츠를 제작해 새로운 수익원을 창출하고 있다.

♦ 리더를 위한 메시지

생성형 AI는 단순한 기술 도구가 아니다. 그것은 기업이 경쟁력을 강화하고, 시장에서 차별화된 가치를 제공하며, 새로운 기회를 창출할 수 있는 강력한 수단이다. 리더는 생성형 AI의 잠재력을 정확히 이해하고 이를 조직의 전략에 통합해야 한다. 또한, 생성형 AI를 올바르게 활용하기 위해 기술적 이해와 윤리적 기준을 동시에 갖춰야 한다.

AI는 이미 비즈니스의 새로운 표준이 되었으며, 생성형 AI는 그 중심에 서 있다. 리더가 이 트렌드를 이해하지 못한다면, 조직은 경쟁에서 뒤처질 위험에 처하게 될 것이다. 반대로, 이 기술을 선제적으로 도입하고 활용하는 리더는 조직의 미래를 설계하고 변화의 주도권을 쥘 수 있을 것이다. **생성형 AI는 단순히 미래를 준비하는 도구가 아니라, 현재를 바꾸는 열쇠다. 리더로서 이 열쇠를 어떻게 사용할 것인지는 당신의 선택에 달려있다.**

자료 : Dall-e

AI 마인드셋과 AI력(力)으로 리더하라!

생성형 AI가 가져올 기업 경영의 변화

생성형 AI(Generative AI)는 단순히 새로운 기술이 아니다. 기업의 경영 방식을 근본적으로 바꾸고, 기존의 한계를 뛰어넘어 혁신과 성장을 가능하게 하는 도구다. 과거의 AI가 주로 분석과 예측을 통해 기업의 효율성을 높이는 데 초점을 맞췄다면, 생성형 AI는 직접적으로 콘텐츠를 창출하고, 창의성을 발휘하며, 기업의 운영과 전략을 혁신하는 데 중심적인 역할을 하고 있다. 이 기술은 CEO와 리더들에게 단순히 선택이 아닌 필수로 자리 잡고 있으며, 기업 경영의 모든 영역에 파급 효과를 미치고 있다.

생성형 AI가 기업에 가져올 가장 큰 변화 중 하나는 창의성의 대중화다. 과거에는 창의적인 작업이 전문가나 특정 인재에게만 의존했다면, 이제 AI는 이러한 창의성을 누구나 활용할 수 있도록 하고 있다. 예를 들어, 광고와 마케팅 분야에서 생성형 AI는 맞춤형 콘텐츠를 자동으로 생성하고, 광고 카피, 소셜 미디어 포스트, 제품 설명문 등을 빠르게 작성할 수 있다. 이는 마케팅 팀이 단순한 제작 업무에서 벗어나 더 전략적인 업무에 집중할 수 있도록 돕는다. 생성형 AI는 단순히 효율성을 높이는 것을 넘어, 조직이 더 많은 창의적 시도를 할 수 있는 기반을 제공한다.

또한, **생성형 AI는 고객 경험(Customer Experience)의 혁신을 이끌고 있다.** 고객들은 점점 더 개인화된 경험을 기대하며, 기업은 이를 충족하기 위해 노력하고 있다. 생성형 AI는 고객 데이터를 분석해 그들의 행동, 선호도, 니즈를 파악하고 이를 기반으로 개인화된 콘텐츠와 서비스를 제공한다. 예를 들어, 전자상거래 기업은 생성형 AI를 활용해 고객의 과거 구매 이력과 관심사를 바탕으로 추천 제품을 보여주거나, 고객별 맞춤형 이메일 캠페인을 실행할 수 있다. 이러한 개인화된 경험은 고객 만족도를 높이고, 충성도를 강화하며, 기업의 수익성을 증가시키는 데 직접적으로 기여한다.

생성형 AI는 또한 업무 자동화의 영역을 확대하고 있다. 기존의 자동화 기술은 주로 단순 반복 업무를 처리하는 데 국한되었다. 그러나 생성형 AI는 더 복잡하고 창의적인 업무를 자동화할 수 있는 가능성을 열었다. 예를 들어, 법률 회사에서는 AI를 활용해 계약서를 작성하거나 법률 문서를 검토할 수 있으며, 의료 기관에서는 환자 데이터를 기반으로 의료 보고서를 작성하는 데 도움을 줄 수 있다. 이처럼 AI는 단순히 비용을 절감하는 차원을 넘어, 직원들이 고부가가치 업무에 집중할 수 있도록 환경을 만들어준다.

이와 함께 **생성형 AI는 신제품 개발과 혁신의 속도를 가속화하고 있다.** R&D(Research and Development) 과정에서 AI는 새로운 아이디어를 제시하고, 복잡한 문제를 해결하며, 시뮬레이션을 통해 최적의 솔루션을 제공한다. 제약업계에서는 AI가 신약 개발 과정에서 수년이 걸리던 실험 단계를 단축하고, 효과적인 화합물을 찾아내는 데 도움을 주고 있다.

제조업에서는 AI를 통해 제품 디자인을 자동으로 생성하거나, 고객의 피드백을 기반으로 빠르게 제품을 개선할 수 있다. 이러한 변화는 기업이 시장에서 더 빠르게 경쟁 우위를 확보할 수 있도록 한다.

생성형 AI는 또한 의사결정의 질을 높이는 데 중요한 역할을 하고 있다. 기업 리더들은 방대한 양의 데이터를 기반으로 전략적 결정을 내려야 하는 상황에 직면한다. AI는 데이터를 분석하고, 이를 바탕으로 실행 가능한 통찰력을 제공함으로써 리더들이 더 나은 결정을 내릴 수 있도록 돕는다. 예를 들어, 시장 변화에 대한 실시간 분석, 소비자 트렌드 예측, 경쟁사 동향 파악 등은 AI가 제공하는 주요 인사이트 중 일부다. 이를 통해 리더들은 위험을 최소화하고, 더 효과적인 전략을 수립할 수 있다.

그러나 생성형 AI가 기업 경영에 가져오는 변화는 단순히 긍정적인 측면만 있는 것은 아니다. 이 기술의 강력함은 동시에 중요한 윤리적 문제와 관리 과제를 동반한다. 생성형 AI가 만들어내는 콘텐츠는 종종 사실 여부를 확인하기 어렵고, 허위 정보의 확산을 초래할 수 있다. 또한, 알고리즘 편향이나 데이터의 오용 문제가 발생할 가능성도 있다. 예를 들어, 생성형 AI가 고객 데이터를 분석할 때 프라이버시가 침해될 위험이 있으며, 이는 기업의 신뢰도에 부정적인 영향을 미칠 수 있다. 따라서 리더들은 AI를 도입하는 과정에서 이러한 윤리적 이슈를 고려하고, 책임 있는 AI 사용 방안을 수립해야 한다.

생성형 AI는 기업 경영의 모든 측면에 걸쳐 깊고 광범위한 영향을 미치고 있다. 이는 단순한 기술적 도구를 넘어, 기업의 전략, 운영, 혁신

방식 자체를 재정의하고 있다. 리더는 생성형 AI의 잠재력을 정확히 이해하고 이를 조직의 성장과 경쟁력 강화에 활용해야 한다. 동시에, AI 사용 과정에서 발생할 수 있는 윤리적, 사회적 문제에 주목하고, 이를 책임감 있게 관리하는 것이 필요하다.

생성형 AI는 기업에게 혁신과 성장을 약속하는 열쇠를 제공한다. 그러나 이 열쇠를 올바르게 사용하는 것은 전적으로 리더의 역할에 달려 있다. 이 기술이 단기적인 도구로 끝날 것인지, 아니면 지속 가능한 경쟁 우위를 창출하는 원동력이 될 것인지는 리더의 선택과 비전, 그리고 실행력에 달려 있다. AI 시대, 리더는 더 이상 방관자가 될 수 없다. 생성형 AI를 이해하고 활용하는 리더만이 변화를 주도하며 기업의 미래를 설계할 수 있다. **"미래는 준비된 리더만이 가질 수 있는 특권이다."**

CEO와 기업 리더가
AI에 대한 이해가 부족하면 생기는 문제

AI는 기업의 전략적 의사결정과 운영 방식 전반에 걸쳐 막대한 변화를 가져오고 있다. 이는 단순한 기술적 트렌드가 아니라, 기업이 생존과 성장을 위해 반드시 이해하고 활용해야 할 도구다. 그러나 CEO와 기업 리더가 AI에 대한 이해와 관심을 갖지 못할 경우, 조직은 경쟁에서 뒤처지고 생존 자체가 위협받을 수 있다. AI에 대한 낮은 이해는 기술적 역량 부족을 초래할 뿐 아니라, 기업의 방향성과 미래에 부정적인 영향을 미칠 수 있다.

첫째, AI를 이해하지 못하는 리더는 변화하는 시장 환경에 대응할 수 없다. 오늘날의 시장은 데이터와 기술에 의해 주도되고 있다. 고객의 행동, 선호, 니즈는 실시간으로 변화하고 있으며, AI는 이러한 데이터를 분석해 빠르고 정확하게 대응할 수 있는 유일한 도구다. 리더가 AI를 모른다면, 조직은 시장 변화를 읽고 대응하는 데 필요한 민첩성을 잃게 된다. 이는 곧 기회를 놓치고, 경쟁사에 시장 점유율을 빼앗기게 되는 결과로 이어질 수 있다.

둘째, 리더가 AI를 이해하지 못하면, 잘못된 전략적 선택을 내릴 위험이 커진다. AI는 단순히 데이터를 처리하는 도구가 아니라, 기업이 중요한 의사결정을 내리는 데 필요한 통찰력을 제공한다. 그러나 리더가 AI의 기능과 한계를 이해하지 못하면, 적절한 데이터를 기반으로 하지 않은 의사결정을 내리거나, 기술 도입을 잘못된 방향으로 이끌 가능성이 크다. 이는 조직 자원의 낭비와 더불어, 경쟁력 약화로 이어질 수 있다.

셋째, AI에 대한 무지는 조직 내 혁신 문화를 저해한다. AI는 조직이 창의적이고 효율적인 방식으로 문제를 해결할 수 있도록 돕는다. 그러나 리더가 AI를 모른다면, 기술 도입에 대한 비전과 방향성을 제시하지 못하고, 직원들의 참여와 협력을 이끌어내지 못한다. 특히, AI 도입 초기에는 직원들의 저항과 두려움이 나타날 수 있다. 리더가 AI에 대한 지식을 기반으로 조직을 설득하고 변화를 주도하지 못하면, AI 도입은 실패로 끝날 가능성이 크다.

넷째, 리더가 AI를 이해하지 못하면 기업은 점점 더 디지털 격차에 빠질 것이다. AI는 현재 디지털 전환(Digital Transformation)의 중심 기술로 자리 잡고 있으며, 이를 성공적으로 활용하는 기업과 그렇지 못한 기업 간의 격차는 시간이 지날수록 커질 것이다. 예를 들어, 고객 데이터를 기반으로 맞춤형 서비스를 제공하는 경쟁사가 있다면, AI를 도입하지 못한 기업은 고객의 이탈을 막을 방법이 없다. 이러한 격차는 단순히 수익 감소로 끝나지 않고, 기업 생존을 위협하는 수준에 이를 수 있다.

다섯째, AI를 모르는 리더는 윤리적 문제를 다룰 준비가 되어 있지 않다. AI는 강력한 기술이지만, 동시에 알고리즘의 편향성, 데이터 프라이버시 문제, 허위 정보 생성과 같은 윤리적 이슈를 동반한다. 리더가 AI의 본질과 이를 둘러싼 윤리적 문제를 이해하지 못하면, 기업은 법적, 사회적 책임을 다하지 못하고, 결과적으로 신뢰와 평판을 잃게 된다. 이는 단기적인 이익보다 훨씬 더 큰 장기적 손실을 초래할 수 있다.

여섯째, 리더가 AI를 모르면, 조직의 인재 전략에도 부정적인 영향을 미친다. AI는 새로운 기술만큼이나 새로운 역량을 요구한다. AI 활용에 능숙한 인재를 유치하고, 기존 직원들에게 필요한 스킬을 교육하는 것은 오늘날 기업이 가장 중점적으로 투자해야 할 영역이다. 그러나 리더가 AI를 이해하지 못하면, 이러한 인재 전략이 뒤처질 수밖에 없다. 이는 결과적으로 조직의 성장 가능성을 제한하고, 내부적으로도 혼란을 초래할 수 있다.

결론적으로, AI를 모르는 리더는 조직의 경쟁력과 생존 가능성을 심각하게 저해할 수 있다. 오늘날의 리더십은 과거와 달리 기술적 통찰과 데이터를 기반으로 한 의사결정을 요구한다. 리더가 AI를 이해하지 못하면, 시장에서 도태되고, 조직 내부의 신뢰와 협력을 잃으며, 장기적인 지속 가능성까지 위협받게 된다.

AI는 단순히 IT 부서의 문제가 아니다. 이는 조직 전반의 전략과 방향성을 결정짓는 핵심 요소다. 리더는 AI를 이해하고 이를 효과적으로 활용하는 데 앞장서야 한다. AI에 대한 무지는 더 이상 변명의 여지가 없다. AI를 이해하지 못하는 리더는 오늘날의 변화 속에서 조직을 이끌지 못하고, 미래를 설계할 수 없는 리더로 평가받을 것이다. AI를 이해하는 리더만이 혁신과 성장을 주도하며, 변화의 시대에서 조직을 승리로 이끌 수 있다.

【AI 친화적인 리더와 비친화적인 리더 비교】

구분	AI 친화적인 CEO/기업 리더	비친화적인 CEO/기업 리더
기술 이해	AI 기술과 원리를 깊이 이해하며 비즈니스에 통합	AI를 기술 부서나 전문가의 영역으로 한정하며 무관심
의사결정 방식	데이터와 AI 기반의 의사결정을 선호, 전략적 통찰력 강화	직관과 과거 경험에 의존, 데이터 활용 부족
변화에 대한 태도	변화와 혁신을 기회로 보고 선제적으로 대응	변화에 저항하거나 수동적으로 따라가려 함
조직 문화	AI를 통한 학습과 혁신을 장려, 직원들의 기술 역량 강화	AI 도입에 대한 직원 저항을 방치, 혁신 문화 부재
고객 경험 관리	AI를 활용해 고객 데이터 분석과 개인화된 경험 제공	고객 트렌드 파악 부족, 경쟁사 대비 차별화 실패
비용 및 효율성 관리	AI로 비용 절감과 효율성 증대를 달성, 자원 최적화	기존 방식 고수로 비효율 지속, 비용 절감 기회 상실
윤리적 리더십	AI의 윤리적 사용과 데이터 프라이버시를 적극 관리	AI 활용의 윤리적 문제를 간과, 법적/평판 리스크 발생
인재 전략	AI 역량을 가진 인재 확보와 내부 교육에 투자	인재 유치와 내부 역량 강화에 소극적, AI 기술 격차 발생
경쟁 우위	AI를 통해 새로운 시장 기회를 발굴하고 경쟁 우위 확보	디지털 격차로 경쟁사에 뒤처짐, 시장 점유율 감소
장기적 비전	AI를 핵심 성장 동력으로 인식, 지속 가능한 미래 설계	AI의 중요성을 간과, 단기 성과에만 초점

AI 마인드셋과 AI력(力)으로 리더하라!

2부

AI 마인드셋 :
리더가 갖추어야 할 사고방식

3장

AI 마인드셋이란?

AI 마인드셋의 정의와 중요성

AI 시대에 리더십의 핵심은 단순히 기술을 이해하고 활용하는 것을 넘어, 조직과 개인의 사고방식 자체를 혁신하는 데 있다. 이러한 새로운 사고방식을 우리는 AI 마인드셋이라고 부른다. AI 마인드셋은 변화와 혁신을 수용하고 데이터를 기반으로 사고하며, 기술을 통해 더 나은 결과를 도출하는 태도와 접근 방식을 의미한다. 이 마인드셋은 AI를 단순한 도구로 간주하지 않고, 비즈니스와 리더십의 전략적 핵심으로 자리 잡게 한다.

AI 마인드셋의 첫 번째 핵심은 변화의 본질을 이해하고 수용하는 능력이다. 기술은 기업의 운영 방식과 시장의 질서를 빠르게 변화시키고 있다. 예를 들어, 과거 수년이 걸리던 데이터 분석이 이제는 몇 초 만에 이루어지고, 복잡한 의사결정도 AI의 도움으로 더 정확하고 신속하게 수행할 수 있다. 그러나 이러한 변화는 단순히 기술의 문제가 아니다. 기술은 리더와 조직이 환경 변화에 어떻게 반응하고 적응하느냐에 따라 성공의 도구가 되기도 하고, 실패의 원인이 되기도 한다. AI 마인드셋을 가진 리더는 변화에 대한 두려움 대신 호기심을 갖고, 새로운 기술을 통해 얻을 수 있는 기회를 탐색한다.

AI 마인드셋은 또한 데이터 중심의 사고방식을 기반으로 한다. AI는 데이터를 연료로 움직이며, 리더가 데이터를 이해하고 활용하는 방식은 조직의 성과에 직접적인 영향을 미친다. 그러나 데이터는 단순히 숫자의 집합이 아니다. 데이터를 해석하고, 이로부터 의미 있는 통찰을 도출하며, 이를 실행 가능한 전략으로 전환하는 능력이 필수적이다. AI 마인드셋은 데이터를 조직의 전략적 자산으로 인식하고, 직관이나 감각에 의존하기보다는 데이터를 기반으로 의사결정을 내리는 태도를 포함한다. 데이터 기반 사고는 변화의 복잡성을 명확히 하고, 리더가 더 효과적이고 자신감 있는 결정을 내릴 수 있도록 돕는다.

또한, **AI 마인드셋은 협업과 학습의 문화를 장려한다.** AI는 혼자서 모든 문제를 해결할 수 있는 만능 도구가 아니다. AI를 최대한 활용하려면 리더와 직원들이 서로 협력하고, AI가 제공하는 정보를 학습하며, 이를 창의적으로 적용하는 노력이 필요하다. AI 마인드셋은 조직 내에서 학습과 협업이 끊임없이 이루어지도록 장려한다. 예를 들어, AI 도입 초기에는 기술에 익숙하지 않은 직원들이 도전을 느낄 수 있다. 이때 AI 마인드셋을 가진 리더는 실패를 학습의 기회로 바라보고, 직원들이 AI를 활용할 수 있도록 적절한 지원과 교육을 제공한다. 이러한 문화는 단순히 기술적 문제를 해결하는 것을 넘어, 조직의 혁신 DNA를 형성한다.

AI 마인드셋의 또 다른 중요한 요소는 창의적 사고와 문제 해결 능력이다. AI가 제공하는 분석과 예측은 강력한 도구지만, 리더는 이를 활용해 더 창의적이고 전략적인 접근 방식을 모색해야 한다. AI 마인드셋을 가진 리더는 AI가 제시하는 정보를 무조건적으로 따르지 않고, 이를 바탕으로 새로운 아이디어를 창출하고 복잡한 문제를 해결한다. 예를 들어, AI가 시장 데이터를 기반으로 트렌드를 분석했다면, 리더는 이를 활용해 고객에게 더 큰 가치를 제공할 수 있는 새로운 비즈니스 모델을 설계할 수 있어야 한다. 이는 단순히 기술 활용을 넘어, 기술과 인간의 창의성이 결합된 새로운 차원의 리더십을 요구한다.

AI 마인드셋의 중요성은 여기서 끝나지 않는다. AI 시대는 빠른 속도로 발전하고 있으며, 기술과 시장 환경의 변화는 지속적이고 불확실성이 크다. **AI 마인드셋은 리더가 이러한 불확실성을 기회로 변환할 수 있는 적응력을 제공한다.** AI는 정해진 답을 제공하지 않는다. 오히려, 더 나은 질문을 던지고, 더 깊이 있는 통찰을 얻을 수 있도록 돕는다. 따라서 AI 마인드셋을 가진 리더는 끊임없이 배우고 성장하며, 변화의 흐름 속에서 조직을 올바른 방향으로 이끌어갈 수 있다.

마지막으로, AI 마인드셋은 윤리적 리더십과 연결된다. AI의 발전은 동시에 여러 윤리적 도전 과제를 가져오고 있다. 데이터 프라이버시, 알고리즘 편향, 그리고 기술 남용의 문제는 리더들이 반드시 해결해야 할 과제다. AI 마인드셋은 기술 활용의 이점뿐 아니라, 이를 책임감 있게 사용하고 사회적 가치를 창출하는 데 초점을 맞춘다. 윤리적 리더십은 단순히 조직의 평판을 보호하는 데 그치지 않고, 장기적으로 조직의 지속 가능성을 보장하는 데 필수적이다.

AI 마인드셋은 단순히 기술적 지식을 넘어선, 리더가 변화의 시대에서 요구되는 사고방식을 형성하는 데 핵심적인 역할을 한다. 변화와 혁신을 수용하고, 데이터를 기반으로 사고하며, 창의적이고 윤리적인 리더십을 발휘하는 것은 AI 시대에서 리더가 갖춰야 할 필수 역량이다. AI는 기술 그 자체로 끝나는 것이 아니라, 리더가 조직을 혁신하고 경쟁 우위를 확보할 수 있는 기회를 제공한다. 따라서 AI 마인드셋은 단순한 선택이 아니라, 성공적인 리더십의 새로운 기준이 되어야 한다. "AI 시대의 리더십은 AI 마인드셋에서 시작된다."

【AI 마인드셋의 핵심 속성】

핵심 속성	설명
변화 수용력	변화와 혁신을 두려워하지 않고, 이를 기회로 바라보며 새로운 기술을 적극적으로 도입하고 탐색하는 능력
데이터 중심 사고	데이터를 전략적 자산으로 인식하고, 직관이나 경험보다 데이터 에 기반해 의사결정을 내리는 태도
협업과 학습 장려	조직 내에서 학습과 협업을 촉진하여 AI 활용 역량을 강화하고 혁신 문화를 조성하는 노력
창의적 문제 해결 능력	AI가 제공하는 데이터를 기반으로 창의적인 아이디어를 도출 하고 복잡한 문제를 해결하는 능력
적응력과 민첩성	빠르게 변화하는 기술과 환경에 적응하며, 불확실성을 기회로 전환하는 태도
실패를 학습으로 전환	실패를 두려워하지 않고, 이를 학습과 성장의 기회로 활용하는 접근 방식
윤리적 책임감	AI 활용 과정에서 데이터 프라이버시, 편향 문제 등을 고려하며, 책임감 있는 리더십을 발휘하는 태도
장기적 비전	AI를 활용해 조직의 지속 가능성과 미래 성장 동력을 설계하고 실현하는 능력

AI 마인드셋 자가 진단

AI 시대의 리더십은 단순히 기술을 이해하는 것을 넘어, 변화와 혁신을 수용하고 데이터를 기반으로 전략적 결정을 내리는 사고방식으로 무장해야 한다. 이를 가능하게 하는 것이 바로 AI 마인드셋이다. 하지만 대부분의 리더는 자신의 AI 마인드셋 수준이 어느 정도인지 객관적으로 평가하기 어렵다. 여기에서 AI 마인드셋 자가 진단이 필요하다. 자가 진단은 리더가 스스로를 객관적으로 바라보고, AI 시대의 요구에 맞게 사고방식과 행동을 조정할 수 있도록 돕는 강력한 도구다.

먼저, AI 마인드셋 자가 진단은 리더가 변화와 혁신을 얼마나 수용할 준비가 되어 있는지를 평가하는 것으로 시작한다. 변화의 속도는 디지털 전환과 AI 도입으로 인해 과거보다 훨씬 빨라졌다. 리더로서 자신의 적응력과 변화에 대한 태도를 점검해야 한다. 변화에 대한 두려움이나 저항감을 갖고 있다면, 이는 조직 전체에 부정적인 영향을 미칠 수 있다. 예를 들어, 조직이 AI를 도입하려 할 때 리더가 이를 단순히 비용 요소로만 바라본다면, 혁신의 기회를 놓칠 가능성이 크다. 자가 진단을 통해 리더는 스스로 변화에 대한 개방성과 준비 상태를 평가할 수 있다.

또한, **자가 진단은 리더가 데이터를 전략적으로 활용하고 있는지 점검하는 데 초점을 맞춘다.** AI는 데이터를 연료로 작동하며, 데이터 활용 능력은 AI 마인드셋의 핵심 요소 중 하나다. 하지만 일부 리더는 여전히 데이터의 중요성을 과소평가하거나, 직관과 경험에 의존한 결정을 선호한다. 자가 진단은 "데이터를 기반으로 의사결정을 내리는가?"라는 질문에서 시작해, 데이터를 실행 가능한 전략으로 전환하는 능력을 평가한다. 예를 들어, 리더는 과거의 성공 경험에 안주하기보다 데이터를 통해 조직의 현재 상태와 미래 가능성을 객관적으로 분석하는 태도를 가져야 한다. 이를 점검하는 것은 조직 경쟁력을 강화하는 출발점이 된다.

AI 마인드셋 자가 진단은 협업과 학습 문화에 대한 리더의 태도를 평가하는 데도 유용하다. AI는 혼자서 모든 문제를 해결할 수 있는 만능 도구가 아니다. 오히려, AI는 리더와 직원 간의 협력을 통해 그 잠재력이 극대화된다. 하지만 조직 내 AI 도입 초기에는 기술적 이해 부족이나 거부감이 나타날 수 있다. 이때 리더는 직원들에게 AI 활용의 가치를 설명하고, 실패를 학습의 기회로 전환할 수 있도록 지원해야 한다. 자가 진단은 리더가 이러한 환경을 조성할 준비가 되어 있는지 확인할 수 있도록 돕는다. "조직 내 학습과 협력을 촉진하기 위해 무엇을 하고 있는가?"라는 질문은 리더의 협업 역량을 점검하는 중요한 요소다.

더 나아가, **자가 진단은 리더의 창의적 문제 해결 능력을 측정한다.** AI는 데이터 분석과 예측에서 강력한 도구이지만, 리더의 창의적 사고와 결합해야 비로소 혁신이 가능하다. 자가 진단 과정에서 리더는 "AI가 제공하는 정보를 기반으로 새로운 아이디어를 창출하고 있는가?" 또는

"AI를 활용해 조직의 복잡한 문제를 창의적으로 해결할 수 있는가?"와 같은 질문을 스스로에게 던져야 한다. 창의적 사고는 AI의 결과를 수동적으로 따르는 것을 넘어, 이를 활용해 새로운 가치를 창출하는 데 필수적이다.

또한, **윤리적 리더십은 자가 진단에서 빼놓을 수 없는 요소다.** AI의 도입은 데이터 프라이버시, 알고리즘 편향, 기술 남용과 같은 윤리적 문제를 수반한다. 리더는 이러한 문제를 인지하고 해결할 준비가 되어 있어야 한다. 자가 진단은 "AI 활용 과정에서 윤리적 문제를 고려하고 있는가?", "조직이 AI로 인해 발생할 수 있는 사회적 영향을 어떻게 관리하고 있는가?"와 같은 질문을 통해 리더의 윤리적 책임감을 평가한다. 윤리적 리더십은 단순히 조직의 평판을 보호하는 것을 넘어, 장기적으로 조직의 지속 가능성을 보장하는 데 기여한다.

AI 마인드셋 자가 진단은 리더가 현재 상태를 점검하고, AI 시대에 필요한 사고방식으로 전환할 수 있는 구체적인 지침을 제공한다. 이를 위해 다음과 같은 단계를 고려할 수 있다. 첫째, AI 마인드셋의 핵심 요소(변화 수용, 데이터 활용, 협업 문화, 창의적 문제 해결, 윤리적 리더십)를 기준으로 항목을 구성한다. 둘째, 각 항목에 대해 1점(전혀 그렇지 않다)에서 5점(매우 그렇다)까지 점수를 매기고, 이를 기반으로 자신의 강점과 약점을 분석한다. 셋째, 약점으로 드러난 영역에 대해 구체적인 개선 계획을 수립한다. 예를 들어, 데이터 활용 역량이 부족하다면, 데이터 분석 교육 프로그램에 참여하거나, 데이터 기반 의사결정을 지원하는 도구를 도입할 수 있다.

자가 진단은 단순히 현재 상태를 파악하는 도구가 아니라, 리더가 AI 시대에 요구되는 역량을 강화하는 전략적 출발점이다. 자가 진단 결과를 기반으로 리더는 자신의 약점을 보완하고, AI 마인드셋을 조직 전체로 확산할 수 있다. 이를 통해 리더는 변화와 혁신을 주도하며, 데이터 중심의 전략을 실행하고, AI를 활용한 창의적 문제 해결을 통해 조직의 경쟁력을 강화할 수 있다. AI 마인드셋 자가 진단은 성공적인 리더십을 위한 거울이며, 이를 통해 리더는 AI 시대의 요구를 능동적으로 충족할 수 있는 기회를 확보할 수 있다.

【기업 CEO, 리더의 AI 마인드셋 자가 진단 체크리스트】

번호	AI 마인드셋 구성요소	진단 항목	점수 (5점 만점)
1	변화와 혁신 수용	AI와 디지털 기술이 조직에 가져올 변화를 이해하고 이를 기회로 인식한다.	
2		빠르게 변화하는 기술 환경에 적응하며, 새로운 기술 도입을 적극 검토한다.	
3		기술 변화에 따른 비즈니스 모델의 혁신 가능성을 탐색하고 있다.	
4	데이터 기반 사고	데이터를 조직의 전략적 자산으로 인식하고 이를 활용하는 방법을 이해한다.	
5		직관보다는 데이터에 근거한 의사결정을 선호하며, 데이터 분석의 중요성을 강조한다.	
6		데이터를 해석하여 실행 가능한 전략을 도출하는 데 익숙하다.	
7	창의적 문제 해결	AI가 제공하는 데이터를 기반으로 새로운 아이디어와 비즈니스 모델을 창출한다.	
8		복잡한 문제 상황에서 AI와 인간의 창의성을 결합하여 최적의 해결책을 모색한다.	
9		AI의 출력 결과를 무조건적으로 따르지 않고, 이를 분석적으로 검토해 적용한다.	

10	윤리적 리더십	AI 사용 과정에서 데이터 프라이버시와 윤리적 문제를 고려한다.	
11		알고리즘 편향이나 기술 남용의 위험을 예방하기 위한 정책을 마련하고 있다.	
12		AI가 사회적 가치를 창출하고 지속 가능한 경영을 지원하도록 윤리적 책임을 강조한다.	
13	협업과 학습 문화	조직 내 협업과 학습 문화를 조성하고, AI 기술을 활용할 수 있는 환경을 제공한다.	
14		직원들이 AI 활용에 익숙해질 수 있도록 교육과 지원을 제공한다.	
15		AI 도입 초기의 실패를 학습 기회로 받아들이며, 직원들과 이를 공유한다.	
16	글로벌 비전	AI를 활용하여 글로벌 시장에서 경쟁력을 강화할 수 있는 방안을 탐색한다.	
17		글로벌 환경 변화와 AI 기술 트렌드를 지속적으로 학습하고 반영한다.	
18	AI와 전략적 리더십	AI 활용을 비즈니스 전략의 중심으로 두고 실행 계획을 마련한다.	
19		조직의 목표와 AI 기술의 잠재력을 연결하여 실행 가능한 프로젝트를 설계한다.	
20		조직 내 AI 문화가 정착되도록 리더로서 솔선수범하고 있다.	
	합계		

· **80~100점:** AI 마인드셋이 매우 우수하며, 조직의 디지털 전환과 AI 활용을 성공적으로 이끌 수 있는 역량을 보유함.

· **60~79점:** AI에 대한 긍정적 태도와 이해를 가지고 있으나, 일부 영역에서 추가적인 개선과 학습이 필요함.

· **59점 이하:** AI 마인드셋이 부족할 가능성이 있으며, 기술적 이해와 사고방식 전환을 위한 노력이 요구됨.

변화와 혁신을 수용하는 리더의 사고방식

AI가 중심에 선 디지털 시대는 끊임없는 변화와 혁신을 요구하고 있다. 기업 환경은 점점 더 복잡해지고, 기술의 발전 속도는 우리가 따라가기조차 힘들 만큼 빨라지고 있다. 이러한 시대에 리더는 변화에 대한 두려움을 극복하고, 혁신을 수용하는 사고방식을 갖추지 못하면 조직을 미래로 이끌 수 없다. 변화와 혁신을 수용하는 사고방식은 단순히 새로운 것을 받아들이는 태도를 넘어, 변화를 조직의 경쟁력으로 전환하는 능력을 포함한다.

변화와 혁신을 수용하는 리더는 먼저 변화의 본질을 이해하는 능력을 갖춰야 한다. 변화는 언제나 불확실성을 동반한다. 특히 AI와 같은 기술은 기존의 규칙과 질서를 뒤흔들면서, 전통적인 비즈니스 모델과 일하는 방식을 근본적으로 바꾸고 있다. 이러한 변화 속에서 리더는 두 가지 질문을 스스로 던져야 한다. **"이 변화가 조직에 어떤 기회를 제공할 수 있는가?"** 그리고 **"변화의 리스크를 어떻게 최소화할 것인가?"** 리더가 변화의 본질을 정확히 이해하지 못하면, 조직은 변화에 수동적으로 대응하거나 기회를 놓칠 가능성이 크다.

변화와 혁신을 수용하는 사고방식은 또한 오픈 마인드를 요구한다. 리더는 과거의 성공 경험이나 기존의 관점을 고집하지 않고, 새로운 아이디어와 접근 방식을 열린 마음으로 수용해야 한다. AI 시대에는 전통적인 리더십 모델이 더 이상 유효하지 않을 수 있다. 예를 들어, 과거에는 경험과 직관이 주요 의사결정 도구였다면, 이제는 데이터와 AI를 기반으로 한 의사결정이 중요해지고 있다. 이러한 전환은 리더가 자신의 사고방식을 유연하게 바꾸지 않으면 불가능하다. AI가 제안하는 새로운 접근 방식, 직원들이 제안하는 혁신적인 아이디어, 그리고 외부의 새로운 기술 트렌드를 적극적으로 받아들이는 리더만이 조직을 변화의 최전선으로 이끌 수 있다.

또한, **변화와 혁신을 수용하는 리더는 조직의 변화를 주도하는 비전을 제시할 수 있어야 한다.** 변화의 시기에는 조직 구성원들이 방향성을 잃고 혼란을 겪을 수 있다. 이때 리더는 명확한 비전과 목표를 제시함으로써 구성원들이 변화에 대한 불안감을 해소하고, 새로운 가능성에 집중할 수 있도록 돕는다. 예를 들어, AI를 도입하려는 조직에서 직원들은 자신의 역할이 AI에 의해 대체될 것이라는 두려움을 느낄 수 있다. 리더는 이러한 상황에서 AI가 조직의 생산성을 높이고, 직원들이 더 창의적이고 전략적인 업무에 집중할 수 있는 기회를 제공한다는 점을 설득력 있게 전달해야 한다. 변화와 혁신은 단순히 기술을 도입하는 데 그치지 않고, 조직 구성원 전체가 새로운 방식으로 사고하고 행동할 수 있도록 동기를 부여하는 것이다.

변화를 수용하는 리더는 또한 실패를 성장의 과정으로 보는 태도를 가

져야 한다. 변화와 혁신은 항상 위험과 실패를 동반한다. AI 기술을 도입하거나 새로운 비즈니스 모델을 시도하는 과정에서 초기에는 시행착오가 발생할 수 있다. 그러나 실패를 두려워하는 리더는 변화를 시도하기 어렵다. 실패는 조직이 성장하고 학습할 수 있는 중요한 기회다. 리더는 실패를 두려워하지 않고, 이를 학습과 개선의 과정으로 삼아야 한다. AI를 활용한 혁신적인 프로젝트가 실패했을 때, 리더는 왜 실패했는지 분석하고, 그 결과를 바탕으로 더 나은 전략을 세우는 데 초점을 맞춰야 한다.

변화와 혁신을 수용하는 사고방식은 협업과 학습의 문화를 촉진하는데에도 중요한 역할을 한다. AI는 리더 한 명의 노력만으로 효과적으로 도입되고 활용될 수 없다. 조직 전체가 함께 배우고, 협력하며, 새로운 기술을 효과적으로 적용할 수 있는 문화를 만들어야 한다. 리더는 변화의 과정에서 직원들과 긴밀히 소통하며, 그들의 의견을 듣고, 변화를 수용할 수 있도록 지원해야 한다. 특히, AI와 같은 기술적 변화는 직원들에게 도전으로 다가올 수 있다. 리더는 이러한 도전이 기회로 바뀔 수 있도록 교육과 리소스를 제공하고, 성공 사례를 공유하며, 조직 전체가 변화를 긍정적으로 받아들이도록 이끌어야 한다.

마지막으로, **변화와 혁신을 수용하는 사고방식은 장기적인 관점을 필요로 한다.** 기술의 변화는 단기적으로 혼란을 초래할 수 있지만, 장기적으로 조직의 경쟁력을 강화하고 지속 가능한 성장을 가능하게 한다. 리더는 변화와 혁신을 단기적인 성과로만 평가하지 않고, 장기적으로 조직에 가져올 이점을 명확히 이해하고 이를 지속적으로 추진해야 한다. AI 도입 초기에는 ROM(Return on Investment)가 즉각적으로 나타나지 않을 수 있다. 그러나 리더는 이를 견디고, 장기적인 관점에서 기술을 활용한 변화를 조직의 문화와 전략에 통합해야 한다.

변화와 혁신을 수용하는 사고방식은 AI 시대에 리더가 반드시 갖춰야 할 핵심 역량이다. 이러한 사고방식은 변화를 두려워하지 않고 기회로 받아들이며, 조직 전체를 혁신의 방향으로 이끄는 데 필수적이다. 변화의 시대에서 리더는 단순히 기술적 도구를 활용하는 데 그치지 않고, 변화와 혁신을 통해 조직의 가치를 극대화하는 역할을 해야 한다. **AI 시대의 리더는 변화를 수동적으로 따르는 자가 아니라, 변화를 주도하는 이들이다.**

실패를 학습으로 전환하는
AI 시대의 리더십

AI 시대의 가장 큰 특징은 빠른 변화와 높은 불확실성이다. 기업은 AI와 같은 신기술을 도입하며, 과거와는 전혀 다른 방식으로 비즈니스를 운영해야 한다. 이러한 환경에서는 실패가 불가피하다. 하지만 실패는 단순히 피해야 할 것이 아니라, 학습과 성장을 위한 중요한 발판이 되어야 한다. 실패를 학습으로 전환하는 리더십은 AI 시대에 조직을 혁신하고 지속 가능성을 확보하는 데 핵심적인 역할을 한다.

AI 시대에서 실패는 종종 새로운 기술의 도입 과정에서 발생한다. AI를 적용하기 위한 초기 시도는 많은 불확실성을 동반하며, 모든 프로젝트가 성공으로 이어지지 않는다. 예를 들어, AI 기반의 예측 모델이 기대했던 성과를 내지 못하거나, 자동화 시스템이 예상치 못한 문제를 초래하는 상황이 발생할 수 있다. 이때 리더는 실패를 단순히 결과로 평가하지 않고, 실패 과정에서 무엇을 배울 수 있는지를 파악해야 한다. 실패를 학습의 기회로 전환하는 리더는 조직의 기술적 역량과 경쟁력을 강화할 수 있다.

첫 번째로, 실패를 학습으로 전환하는 리더십의 핵심은 실패에 대한 인식의 변화다. 많은 조직에서 실패는 여전히 부정적으로 간주되며, 이는 직원들이 새로운 시도를 두려워하게 만든다. 하지만 AI 시대에서는 이러한 문화가 혁신을 방해할 뿐이다. 리더는 실패를 혁신의 필연적인 일부로 받아들이고, 이를 성장의 과정으로 인식해야 한다. 실패를 잘 다룰 수 있는 조직은 실험과 혁신을 장려하며, 이를 통해 지속적인 개선과 발전을 이룰 수 있다. 성공적인 AI 도입을 이룬 기업들은 실패를 두려워하지 않고, 데이터를 기반으로 실패 원인을 분석하며, 이를 통해 더 나은 결과를 만들어 낸 사례가 많다.

둘째, 실패를 학습으로 전환하려면 데이터 기반의 분석과 피드백 시스템이 필요하다. AI 프로젝트의 실패는 대부분 적절한 데이터의 부족, 잘못된 모델 설계, 또는 기대치와의 괴리에서 비롯된다. 이러한 실패는 체계적인 분석을 통해 구체적인 개선 방안을 도출할 수 있는 귀중한 학습 자료다. 예를 들어, AI 모델이 예측 실패를 했다면, 리더는 데이터를 검토해 입력된 데이터가 충분히 정확하고 포괄적이었는지, 모델이 적절하게 설계되었는지를 분석해야 한다. 이러한 피드백 과정은 실패를 반복하지 않도록 하며, 조직의 AI 역량을 단계적으로 향상시킨다.

셋째, 리더는 실패를 투명하게 공유하고 학습으로 연결하는 문화를 조성해야 한다. 많은 조직에서 실패는 숨겨지거나 무시되기 쉽다. 그러나 AI 시대의 성공적인 리더는 실패를 공개적으로 논의하며, 이를 통해 조직 전체가 교훈을 얻을 수 있도록 한다. 예를 들어, 한 팀에서 AI 프로젝트가 실패했을 때, 해당 사례를 다른 팀과 공유하여 유사한 실수를 방지하고, 성공 가능성을 높이는 전략을 개발할 수 있다. 실패를 투명하게 다루는 문화는 직원들에게 심리적 안전감을 제공하며, 이는 창의적이고 대담한 시도를 가능하게 한다.

넷째, 실패를 학습으로 전환하는 리더는 지속적인 학습과 성장의 중요성을 강조한다. AI는 정적이지 않다. 기술은 끊임없이 발전하며, 오늘의 실패가 내일의 성공을 위한 귀중한 교훈이 될 수 있다. 리더는 조직이 실패를 통해 배우고, 이를 기반으로 더 나은 전략을 수립하며, AI와 같은 신기술을 더 효과적으로 활용할 수 있도록 지속적인 학습 환경을 만들어야 한다. 이는 단순히 기술적인 학습뿐 아니라, 조직 문화와 사고방식의 성숙을 포함한다.

다섯째, 리더는 실패를 학습으로 전환하는 데 필요한 리소스와 지원을 제공해야 한다. 실패를 통해 배우는 과정은 자연스럽게 이루어지지 않는다. 이를 위해서는 적절한 도구와 지원, 그리고 실패를 분석할 수 있는 인프라가 필요하다. AI 프로젝트에서 실패는 종종 리소스 부족과 연결되며, 이러한 상황에서 리더는 충분한 자원을 제공하고, 실패를 학습으로 전환할 수 있는 환경을 조성해야 한다.

여섯째, 실패를 학습으로 전환하는 리더십은 회복 탄력성(resilience)과 밀접하게 연결되어 있다. AI 시대의 리더는 실패를 경험한 후 빠르게 회복하고, 더 강한 조직으로 발전시키는 능력을 가져야 한다. 이는 실패를 개인적 책임이나 패배로 간주하지 않고, 조직의 집단적 성장 과정으로 받아들이는 태도에서 나온다. 리더는 직원들이 실패를 통해 얻은

교훈을 다음 단계로 연결하고, 실패에서 벗어나 새로운 도전을 시작할
수 있도록 격려해야 한다.

**마지막으로, 실패를 학습으로 전환하는 리더십은 장기적인 관점을 필
요로 한다.** AI와 같은 신기술의 도입은 단기적인 성과를 보장하지 않는
다. 초기에는 수많은 실패와 시행착오를 경험할 수 있다. 그러나 리더
는 이러한 과정을 통해 얻어진 교훈이 조직의 장기적인 성공에 어떻게
기여할 수 있는지를 이해하고, 이를 전략적으로 활용해야 한다. 실패는
혁신의 과정에서 불가피한 부분이며, 이를 장기적인 성장의 발판으로
삼는 리더가 AI 시대에서 성공할 수 있다.

실패를 학습으로 전환하는 리더십은 AI 시대에 조직의 경쟁력을 강
화하고, 지속적인 혁신을 가능하게 하는 필수적인 요소다. 실패는 혁
신의 적이 아니라, 혁신의 필연적인 일부다. 리더는 실패를 두려워하지
않고, 이를 통해 배우고 성장할 수 있는 문화를 조성해야 한다. **AI 시
대의 리더는 성공으로 조직을 이끄는 자가 아니라, 실패를 통해 학습하고
더 나은 성공을 만들어내는 자다.**

AI 시대에 필요한
창의적 문제 해결 능력

AI 시대는 문제 해결의 속도와 방식, 그리고 해결책의 수준을 완전히 재정의하고 있다. 과거에는 주로 직관, 경험, 전통적인 분석 방법에 의존했던 문제 해결이 이제는 AI와 데이터를 활용한 새로운 접근 방식을 요구한다. 그러나 기술만으로 모든 문제를 해결할 수 있는 것은 아니다. 기술의 잠재력을 최대한 활용하려면 창의성과 전략적 사고를 결합한 문제 해결 능력이 필수적이다. AI 시대의 리더는 창의적 문제 해결을 통해 조직의 혁신과 성장을 이끌어야 한다.

AI 시대의 창의적 문제 해결 능력의 핵심은 문제를 새롭게 정의하는 것에서 출발한다. AI는 기존 데이터와 패턴을 바탕으로 인사이트를 제공하지만, 문제를 어떻게 정의하느냐에 따라 AI가 제공할 수 있는 가치가 달라진다. 예를 들어, 기업이 고객 이탈 문제를 해결하고자 할 때, 단순히 "고객 이탈률을 줄이는 방법"에 초점을 맞추는 대신, "고객이 이탈하지 않도록 충성도를 강화할 수 있는 새로운 경험을 제공하는 방법"으로 문제를 재정의할 수 있다. 이렇게 문제를 새롭게 바라보는 관점은 기존의 한계를 뛰어넘고, AI가 더 유의미한 답을 도출할 수 있도록 돕는다.

창의적 문제 해결은 또한 AI의 한계를 보완하는 인간의 고유한 능력을 요구한다. AI는 방대한 데이터를 처리하고 패턴을 찾아내는 데 탁월하지만, 인간의 직관과 상상력, 그리고 맥락을 이해하는 능력을 대체할 수는 없다. 예를 들어, AI가 특정 시장에서 소비자 행동 패턴을 분석해 준다고 해도, 이를 기반으로 독창적인 제품이나 서비스를 설계하는 것은 인간의 몫이다. 창의적 문제 해결 능력은 AI가 제시하는 데이터를 단순히 수용하는 것이 아니라, 이를 바탕으로 새로운 아이디어를 도출하고, 예상치 못한 방향으로 문제를 풀어내는 능력을 포함한다.

AI 시대의 창의적 문제 해결은 협력적 접근 방식을 필요로 한다. 복잡한 문제일수록 하나의 관점이나 부서만으로는 해결하기 어렵다. 다양한 전문가와 팀이 협력하여 문제를 정의하고, 데이터를 분석하며, 해결책을 설계하는 과정에서 창의성이 발휘된다. 예를 들어, 제조업에서 AI를 활용해 공급망 효율성을 높이려는 프로젝트라면, 기술 팀뿐만 아니라 물류, 마케팅, 재무 팀이 함께 참여해 다각도로 문제를 바라보고 해결 방안을 도출해야 한다. 이러한 협력은 AI가 제공하는 데이터와 분석을 넘어, 각 분야의 독창적인 통찰과 아이디어를 통합할 수 있는 환경을 조성한다.

창의적 문제 해결 능력은 또한 실험과 검증을 기반으로 한 반복적 접근을 포함한다. AI 시대에서는 모든 문제의 해결책이 처음부터 명확하지 않으며, 여러 번의 시도와 수정 과정을 거쳐야 한다. 리더는 조직 내에서 실험을 장려하고, 실패를 학습의 기회로 삼아 점진적으로 더 나은 결과를 만들어낼 수 있는 문화를 조성해야 한다. 예를 들어, AI를 활용한 고객 경험 개선 프로젝트에서 초기 단계의 시도가 기대에 미치지 못했다면, 데이터를 재분석하고 새로운 접근 방식을 시도하는 과정을 통해 점진적으로 최적의 솔루션에 도달할 수 있다.

AI 시대에 창의적 문제 해결 능력을 발휘하기 위해 리더는 데이터에 기반한 통찰력과 직관을 결합하는 균형을 유지해야 한다. AI는 의사결정을 지원하는 강력한 도구지만, 모든 상황에 완벽한 답을 제공하지는 않는다. 따라서 리더는 데이터를 통해 얻은 결과를 직관적으로 해석하고, 조직의 맥락에 맞게 적용할 수 있는 능력을 갖춰야 한다. 이는 데이터를 맹목적으로 신뢰하는 것이 아니라, 데이터를 기반으로 인간의 판단력을 강화하는 방식이다.

창의적 문제 해결은 또한 지속적인 학습과 성장의 과정을 포함한다. AI 시대의 문제는 복잡성과 불확실성이 높기 때문에, 기존의 지식과 방법론만으로는 충분하지 않다. 리더는 최신 기술과 트렌드, 그리고 새로운 접근 방식을 끊임없이 학습하며, 조직 내에서도 이러한 학습 문화를 장려해야 한다. 예를 들어, 리더가 생성형 AI(Generative AI)와 같은 신기술의 가능성을 이해하고 이를 문제 해결에 적용하는 방안을 모색한다면, 조직은 경쟁에서 유리한 위치를 차지할 수 있다.

또한, AI 시대의 창의적 문제 해결은 윤리적 관점을 포함해야 한다. AI가 문제를 해결하는 과정에서 데이터를 어떻게 사용하고, 결과가 어떤 영향을 미칠지를 고려하는 것은 리더의 중요한 책임이다. 윤리적 문제를 간과한 채 기술적 해결책만을 추구하면, 조직의 평판과 신뢰도가 훼손될 수 있다. 리더는 문제를 정의하고 해결하는 과정에서 투명성과 책임감을 유지하며, 사회적 가치를 창출할 수 있는 방향으로 AI를 활용해야 한다.

　AI 시대의 창의적 문제 해결 능력은 단순히 기술을 이해하고 사용하는 것 이상을 요구한다. 문제를 새롭게 정의하고, 데이터를 기반으로 직관과 창의성을 결합하며, 협력과 실험을 통해 점진적으로 최적의 해결책을 도출하는 과정은 리더가 조직을 이끌기 위해 반드시 갖춰야 할 역량이다. 창의적 문제 해결은 AI의 능력을 최대한 활용하면서도 인간 고유의 역량을 결합해 새로운 가능성을 열어가는 리더십의 핵심이다. AI 시대의 성공은 기술 그 자체에 있지 않다. 기술을 활용해 문제를 해결하고 가치를 창출하는 창의적 리더의 능력에 달려 있다. "AI는 도구이지만, 창의적 문제 해결은 리더의 예술이다."

4장

데이터 기반 의사결정으로
전환하기

데이터 리터러시: 리더의 필수 역량

데이터는 현대 비즈니스 환경에서 기업의 성공 여부를 좌우하는 핵심 자산으로 자리 잡았다. 데이터의 양은 기하급수적으로 증가하고 있으며, 이를 효과적으로 활용하는 기업만이 경쟁에서 우위를 점할 수 있다. 데이터의 가치는 단순히 존재하는 것만으로는 발휘되지 않는다. 데이터를 이해하고 분석하며, 이를 기반으로 통찰력을 얻어 실행 가능한 전략으로 전환할 수 있어야 한다. 이를 가능하게 하는 리더의 핵심 역량이 바로 데이터 리터러시(Data Literacy)다.

Data Literacy

데이터 파악, 이해, 분석을 통해 올바르게 활용할 수 있는 능력

데이터 리터러시는 데이터를 읽고, 이해하고, 분석하며, 이를 의사결정 과정에 적용할 수 있는 능력을 의미한다. 이는 AI 시대에 리더가 갖춰야 할 가장 중요한 역량 중 하나다. 과거에는 경험과 직관이 리더십의 주요 도구로 여겨졌지만, 오늘날의 리더는 데이터를 기반으로 사고하고, 이를 통해 조직의 방향성을 제시할 수 있어야 한다. 데이터 리터러시가 부족한 리더는 정보 과잉 속에서 혼란을 겪으며, 잘못된 결정을 내릴 위험에 노출될 수 있다.

데이터 리터러시를 갖춘 리더는 데이터를 단순히 숫자나 그래프로 인식하지 않는다. 그들은 데이터를 비즈니스의 맥락에서 이해하고, 이를 통해 문제를 정의하며, 해결 방안을 탐색한다. 예를 들어, 한 유통 기업의 리더가 매출 하락 문제를 해결하고자 한다면, 단순히 매출 수치를 확인하는 데 그치지 않고, 고객 행동 데이터, 시장 트렌드 데이터, 그리고 경쟁사의 동향 데이터를 분석해야 한다. 이를 통해 문제의 원인을 규명하고, 고객 경험을 개선하거나 새로운 마케팅 전략을 수립하는 구체적인 실행 계획을 도출할 수 있다.

데이터 리터러시를 높이기 위해 리더는 먼저 데이터의 본질과 가치를 이해해야 한다. 데이터는 단순한 숫자의 나열이 아니라, 고객, 시장, 제품, 그리고 운영 과정에 대한 귀중한 이야기를 담고 있다. 데이터를 제대로 이해하려면 데이터를 수집하는 방법, 데이터가 생성되는 과정, 데이터의 한계와 오류 가능성을 숙지해야 한다. 예를 들어, 리더는 설문조사 데이터가 특정 시간과 장소의 조건에 따라 결과가 왜곡될 수 있다는 점을 인지하고, 이를 보완할 수 있는 다양한 데이터 소스를 활용할 수 있어야 한다.

또한, 리더는 데이터를 효과적으로 활용하기 위해 데이터 분석 도구와 기법에 대한 기본적인 이해를 갖춰야 한다. AI와 머신러닝을 활용한 데이터 분석은 과거의 단순한 통계 분석을 넘어 더 복잡한 통찰을 제공한다. 리더는 이러한 기술을 깊이 이해할 필요는 없지만, 기술의 기본 원리와 이를 비즈니스 문제 해결에 어떻게 적용할 수 있는지는 알고 있어야 한다. 예를 들어, 리더는 머신러닝 모델이 고객 세분화에 사용될 수 있음을 이해하고, 이를 통해 어떤 고객 그룹에 마케팅 자원을 집중해야 하는지 결정을 내릴 수 있어야 한다.

데이터 리터러시는 리더가 편향과 오류를 식별하는 능력을 키우는 데도 도움을 준다. 데이터는 그 자체로 객관적인 것처럼 보이지만, 잘못된 해석이나 편향된 데이터 수집 과정으로 인해 왜곡될 수 있다. 리더는 데이터를 비판적으로 평가하고, 데이터의 한계를 인식하며, 의사결정을 내릴 때 이러한 오류를 고려해야 한다. 예를 들어, 특정 제품의 판매 데이터가 지역별로 다르게 나타난다면, 리더는 데이터가 수집된 시점, 지역 특성, 그리고 외부 환경 요인 등을 분석해야 한다.

데이터 리터러시는 또한 리더가 조직 내에서 데이터 기반의 문화(Data-Driven Culture)**를 조성하는 데 핵심 역할을 한다.** 데이터 리터러시를 갖춘 리더는 직원들에게 데이터를 활용한 의사결정의 중요성을 강조하며, 이를 조직의 모든 계층에 내재화한다. 이는 단순히 데이터를 사용하라는 명령으로 해결되지 않는다. 리더는 데이터 활용의 성공 사례를 공유하고, 직원들이 데이터를 이해하고 분석할 수 있는 역량을 키울 수 있도록 교육과 지원을 제공해야 한다. 데이터 활용 문화를 구축한 조직은 직원 개개인이 데이터를 활용해 문제를 해결하고, 혁신적인 아이디어를 제안할 수 있는 환경을 갖추게 된다.

리더는 또한 데이터 리터러시를 통해 의사소통 능력을 강화할 수 있다. 데이터는 효과적으로 전달되지 않으면 그 가치를 잃는다. 리더는 데이터를 기반으로 한 통찰을 직원들과 명확히 공유하고, 이를 통해 조직 전체가 동일한 목표를 향해 나아갈 수 있도록 해야 한다. 이를 위해 리더는 복잡한 데이터를 단순하고 이해하기 쉬운 형태로 전달하는 스토리텔링 기술을 갖추어야 한다. 예를 들어, 한 제조업체의 리더가 생산 효율성을 높이는 방안을 논의할 때, 복잡한 데이터 대신 생산 공정의 병목 현상을 그래프와 사례로 설명하면 더 효과적으로 직원들의 공감을 얻을 수 있다.

데이터 리터러시는 AI 시대의 리더에게 필수적인 역량이다. 데이터는 단순한 정보가 아니라, 조직이 미래를 설계하고 혁신을 이끌어가는 강력한 도구다. 데이터를 읽고, 이해하며, 실행 가능한 통찰로 전환하는 능력은 리더십의 새로운 기준이 되고 있다. 데이터 리터러시를 갖춘 리더는 변화를 두려워하지 않고, 데이터를 통해 더 나은 결정을 내리며, 조직의 지속 가능한 성장을 가능하게 한다. **"AI 시대의 리더십은 데이터 리터러시에서 시작된다."**

데이터 중심 경영의 필수 요소

데이터 중심 경영은 오늘날 기업의 생존과 경쟁력을 결정짓는 핵심 전략이다. 기술의 발전과 디지털화로 인해 데이터는 더 이상 단순한 부수적 자산이 아니다. 데이터는 모든 의사결정의 기반이자 기업의 미래를 설계하는 데 있어 필수적인 도구로 자리 잡았다. 데이터 중심 경영은 조직이 데이터를 효과적으로 수집, 분석, 활용하여 지속적인 혁신과 성과를 달성하도록 돕는다. 이를 성공적으로 구현하기 위해 기업은 몇 가지 핵심 요소를 반드시 갖추어야 한다.

첫 번째 핵심 요소는 데이터의 품질이다. 데이터는 의사결정의 기초를 제공하지만, 잘못되거나 부정확한 데이터는 기업의 전략과 실행을 왜곡시킬 수 있다. 데이터 중심 경영에서 품질 높은 데이터를 확보하는 것은 성공의 시작점이다. 데이터의 품질은 정확성, 완전성, 일관성, 최신성을 포함한다. 예를 들어, 고객 데이터를 기반으로 개인화된 마케팅 캠페인을 실행하려 할 때, 데이터가 부정확하거나 오래된 정보라면 캠페인의 효과는 현저히 떨어질 것이다. 따라서 기업은 데이터의 수집부터 저장, 분석에 이르는 전 과정을 체계적으로 관리하며, 데이터 품질을 유지하기 위한 시스템과 절차를 마련해야 한다.

두 번째 요소는 데이터 거버넌스(Data Governance)이다. 데이터가 효과적으로 활용되기 위해서는 명확한 관리 체계와 규칙이 필요하다. 데이터 거버넌스는 데이터의 소유권, 접근 권한, 사용 정책 등을 정의하고 조직 전체에서 데이터를 통합적으로 관리할 수 있도록 한다. 이를 통해 데이터의 일관성과 보안성을 보장하며, 데이터 사용 과정에서 발생할 수 있는 윤리적 문제나 법적 리스크를 최소화할 수 있다. 특히 AI 시대에서는 데이터 편향이나 프라이버시 침해와 같은 문제가 부각되기 때문에, 데이터 거버넌스는 데이터 중심 경영의 필수적 요소로 자리 잡고 있다.

세 번째 요소는 데이터 인프라와 기술이다. 데이터 중심 경영은 적절한 기술과 시스템 없이는 실현될 수 없다. 빅데이터 분석, 클라우드 컴퓨팅, 머신러닝 등은 현대 기업이 데이터를 효과적으로 처리하고 분석하기 위해 필요한 기술들이다. 예를 들어, 클라우드 기반의 데이터 저장소는 대규모 데이터를 안전하게 저장하고, 필요할 때 쉽게 접근할 수 있도록 돕는다. 또한, AI와 머신러닝 기술은 방대한 데이터에서 의미 있는 패턴과 통찰을 도출하여 비즈니스 의사결정을 지원한다. 이러한 인프라와 기술의 구축은 초기에는 비용이 들 수 있지만, 장기적으로 기업의 효율성과 경쟁력을 크게 강화한다.

네 번째 요소는 데이터에 기반한 의사결정 문화다. 데이터 중심 경영은 단순히 데이터를 활용하는 기술적 문제에 그치지 않는다. 조직 전체가 데이터를 중심으로 사고하고, 데이터를 기반으로 의사결정을 내리는 문화를 조성하는 것이 핵심이다. 이는 리더부터 말단 직원에 이르기까지 모든 구성원이 데이터를 신뢰하고 이를 활용하도록 동기 부여하는 것을 의미한다. 예를 들어, 한 조직이 매출 감소 문제를 해결하기 위해 데이터를 기반으로 원인을 분석하고, 데이터를 통해 도출된 해결책을 실행한다면, 이는 데이터 중심 의사결정의 좋은 사례가 될 수 있다. 이를 위해 리더는 데이터 활용의 중요성을 강조하고, 데이터 기반 성공 사례를 공유하며, 데이터 중심 사고를 조직의 표준으로 자리 잡게 해야 한다.

다섯 번째 요소는 인재와 데이터 역량이다. 데이터 중심 경영은 기술뿐만 아니라, 이를 효과적으로 다룰 수 있는 인재가 필요하다. 데이터 분석가, 데이터 엔지니어, AI 전문가와 같은 전문 인재는 물론, 비전문가도 데이터를 이해하고 활용할 수 있는 데이터 리터러시(Data Literacy)를 갖춰야 한다. 리더는 조직 내 데이터 역량을 강화하기 위해 교육과 훈련 프로그램을 마련하고, 데이터 전문가와 다른 부서 간 협업을 촉진해야 한다. 데이터 중심 경영은 특정 부서만의 책임이 아니라, 조직 전체가 함께 노력해야 하는 과제다.

여섯 번째 요소는 데이터 기반 혁신과 실행이다. 데이터 중심 경영은 데이터를 분석하고 통찰을 얻는 데 그치는 것이 아니라, 이를 바탕으로 실행 가능한 전략을 수립하고 혁신을 창출해야 한다. 데이터를 통해 발견된 인사이트는 구체적인 행동으로 전환되어야 하며, 이를 통해 조직의 성과를 실질적으로 개선할 수 있어야 한다. 예를 들어, 데이터 분석을 통해 고객의 선호도를 파악한 뒤, 이를 기반으로 새로운 제품을 개발하거나, 기존 서비스를 개선하는 것이 데이터 기반 혁신의 좋은 사례다.

마지막으로, 데이터 중심 경영은 장기적 관점과 지속 가능성을 요구한 다. 데이터는 즉각적인 결과를 제공하지 않을 수 있다. 특히, 초기 단계 에서는 데이터의 수집과 정리, 분석 시스템 구축에 많은 시간과 노력이 필요하다. 그러나 데이터 중심 경영은 단기적 성과에 그치지 않고, 장 기적으로 조직의 경쟁력을 강화하고 지속 가능한 성장을 가능하게 한 다. 리더는 데이터를 통해 얻은 통찰을 활용하여 시장의 변화를 예측 하고, 장기적인 전략을 수립해야 한다.

데이터 중심 경영은 단순히 데이터를 활용하는 것을 넘어, 데이터가 조직의 모든 의사결정과 혁신의 중심이 되는 체계를 구축하는 것이다. 데이터의 품질, 거버넌스, 기술, 문화, 인재, 실행, 그리고 지속 가능성 은 데이터 중심 경영을 성공적으로 구현하기 위한 핵심 요소다. 이러한 요소들이 조화를 이루어야 데이터는 비로소 조직의 경쟁력을 강화하 고, 미래를 설계하는 강력한 도구로 작용할 수 있다. 데이터 중심 경영 은 AI 시대에 리더가 반드시 갖춰야 할 필수적 전략이며, 데이터의 가 치를 극대화하는 리더만이 조직의 성공을 이끌 수 있다. **"데이터는 미 래의 언어이며, 데이터를 이해하고 활용하는 리더만이 미래를 설계할 수 있다."**

조직에서 데이터 활용
문화를 조성하는 방법

AI와 데이터 중심 경영의 시대, 조직이 경쟁력을 유지하고 지속 가능한 성장을 이루기 위해서는 단순히 데이터를 보유하거나 분석 기술을 도입하는 것을 넘어, 조직 전반에 걸쳐 데이터 활용 문화를 조성하는 것이 필수적이다. 데이터 활용 문화란 조직의 모든 구성원이 데이터를 중요한 자산으로 인식하고, 이를 기반으로 사고하고 행동하는 문화를 의미한다. 이러한 문화를 조성하면 데이터는 단순한 정보의 집합체를 넘어, 조직의 의사결정과 혁신을 주도하는 원동력이 된다.

데이터 활용 문화를 조성하기 위한 첫걸음은 리더십의 역할을 명확히 하는 것이다. 조직 내에서 데이터 활용 문화를 구축하려면 최고경영자(CEO)와 임원을 비롯한 리더들이 데이터의 중요성을 인식하고, 이를 강력히 지원해야 한다. 리더는 데이터 활용에 대한 명확한 비전을 제시하고, 이를 통해 조직 전체가 데이터 중심으로 사고하도록 독려해야 한다. 예를 들어, 데이터 기반 의사결정을 통해 얻은 성공 사례를 직원들과 공유하고, 데이터 활용이 조직 성과에 미치는 영향을 강조하면, 구성원들이 데이터의 가치를 더 깊이 이해할 수 있다. 리더가 데이터 활용에 대한 의지를 보이면, 조직 전체에 긍정적인 파급 효과가 일어난다.

다음으로 중요한 것은 데이터 접근성과 투명성을 보장하는 것이다. 데이터 활용 문화를 구축하려면 조직의 모든 구성원이 필요한 데이터를 손쉽게 접근할 수 있어야 한다. 데이터를 일부 부서나 특정 계층만 독점적으로 사용할 수 있도록 제한한다면, 조직 내 데이터 활용은 제한적일 수밖에 없다. 데이터의 접근성을 높이기 위해 클라우드 기반 데이터 플랫폼이나 협업 도구를 도입하고, 데이터를 표준화하여 조직 전반에서 일관되게 사용할 수 있도록 해야 한다. 또한, 데이터를 투명하게 관리함으로써 구성원들이 데이터의 출처와 신뢰도를 확신할 수 있어야 한다. 이는 데이터 기반 의사결정을 신속하고 정확하게 내릴 수 있는 기반이 된다.

데이터 리터러시(Data Literacy) 교육도 데이터 활용 문화를 조성하는 데 핵심적인 역할을 한다. 데이터 리터러시는 데이터를 읽고, 분석하고, 이를 의사결정에 활용할 수 있는 능력을 의미한다. 조직의 모든 구성원이 데이터 리터러시를 갖추지 못하면, 데이터 활용 문화는 형식적인 수준에 머물게 된다. 리더는 조직 내 데이터 교육 프로그램을 도입하여 직원들이 데이터를 보다 효과적으로 이해하고 활용할 수 있도록 지원해야 한다. 예를 들어, 기초적인 데이터 분석 툴 사용법부터 고급 AI 기술까지 다양한 수준의 교육 과정을 제공함으로써 구성원들이 각자의 업무에 데이터를 적용할 수 있는 능력을 키울 수 있다.

데이터 활용 문화를 조성하기 위해서는 데이터 중심의 의사결정 프로

세스를 제도화해야 한다. 모든 중요한 의사결정 과정에서 데이터가 핵심적인 역할을 하도록 프로세스를 설계해야 한다. 예를 들어, 신규 제품개발, 마케팅 전략 수립, 운영 효율화 방안 등 다양한 비즈니스 의사결정에서 데이터를 기반으로 한 분석과 통찰이 주요 고려 요소가 되어야 한다. 또한, 데이터 기반 의사결정을 촉진하기 위해 의사결정 과정에서 데이터 분석 결과를 체계적으로 기록하고 공유하는 시스템을 구축해야 한다.

조직 내 데이터 활용 문화를 강화하려면 성공 사례를 적극적으로 공유하는 것도 중요하다. 데이터 활용이 조직 성과에 긍정적인 영향을 미쳤던 사례를 발굴하고, 이를 조직 전체에 알리는 것은 구성원들에게 데이터의 가치를 실감하게 하는 효과적인 방법이다. 예를 들어, 데이터 분석을 통해 신규 시장 진출에 성공한 사례나, 운영 비용을 절감한 사례를 구체적으로 공유하면, 데이터 활용에 대한 신뢰와 동기부여를 높일 수 있다. 이러한 성공 사례는 조직 전체가 데이터 기반 사고방식을 내재화하는 데 큰 역할을 한다.

데이터 활용 문화를 조성하기 위해서는 데이터 활용을 장려하는 인센티브 제도를 도입하는 것도 효과적이다. 직원들이 데이터를 활용해 성과를 창출할 경우 이를 인정하고 보상하는 시스템을 마련하면, 데이터 활용에 대한 참여 의욕을 높일 수 있다. 예를 들어, 데이터를 활용한 혁신적인 프로젝트를 진행한 팀이나, 데이터 기반으로 성과를 향상시킨 개인에게 보상을 제공하는 방식은 데이터 활용 문화를 확산시키는 데 긍정적인 영향을 미친다.

또한, **데이터 활용 문화는 기술적 인프라의 지원이 필수적이다.** 조직이 데이터를 효과적으로 활용하려면 안정적이고 신뢰할 수 있는 기술적 기반이 마련되어야 한다. 데이터 분석 도구, 클라우드 기반 데이터 저장소, AI 플랫폼 등 기술적 인프라는 데이터를 수집, 저장, 분석, 공유하는 데 필요한 핵심 요소다. 이러한 기술적 기반이 갖춰져 있어야 조직의 구성원들이 데이터를 효율적으로 활용할 수 있다.

데이터 활용 문화를 조성하는 데 있어 데이터 윤리와 보안도 간과할 수 없는 중요한 요소다. 데이터가 잘못 활용되거나 관리되지 않을 경우, 조직은 법적 문제와 신뢰도 손실이라는 심각한 위험에 직면할 수 있다. 리더는 데이터 윤리 원칙을 명확히 정립하고, 이를 조직의 데이터 활용 정책에 반영해야 한다. 또한, 데이터 보안 시스템을 강화하여 민감한 데이터가 외부로 유출되거나 부적절하게 사용되지 않도록 해야 한다. 데이터 활용 문화는 윤리와 보안이 뒷받침될 때 비로소 지속 가능성을 가질 수 있다.

조직에서 데이터 활용 문화를 조성하는 것은 단기적인 목표가 아니라, 조직의 장기적인 성장과 혁신을 위한 필수적인 과제다. **"데이터는 조직의 새로운 언어이며, 이 언어를 조직 전체가 유창하게 사용할 수 있을 때, 데이터는 진정한 경쟁 우위로 전환될 수 있다."**

AI 마인드셋과 AI력(力)으로 리더하라!

5장

조직 혁신과 AI 문화 정착하기

조직 내 AI 학습 환경 구축

AI 시대의 기업 경쟁력은 조직이 얼마나 신속하고 효과적으로 AI를 학습하고 활용할 수 있느냐에 달려 있다. AI는 단순한 기술 도구를 넘어, 비즈니스 프로세스와 의사결정의 방식을 재정의하며, 새로운 가치를 창출하는 핵심 요소로 자리 잡고 있다. 따라서 조직 내 AI 학습 환경을 구축하는 것은 기술 도입 이상의 의미를 가진다. AI 학습 환경은 조직 전체가 AI를 이해하고, 이를 업무와 전략에 통합하며, 새로운 아이디어와 기회를 창출할 수 있는 기반을 제공한다.

AI 학습 환경을 구축하는 첫 번째 단계는 리더십의 비전 제시와 역할 모델링이다. AI 학습 환경은 위에서 아래로 퍼져 나간다. 리더가 AI의 중요성을 강조하고, 이를 조직의 핵심 전략으로 삼는 비전을 제시해야 직원들이 AI 학습에 대한 동기를 가질 수 있다. 또한, 리더는 AI 기술에 대한 기본적인 이해를 갖추고, 실제 업무에서 AI를 활용하는 모습을 보여줌으로써 조직 전체에 긍정적인 영향을 미칠 수 있다. 예를 들어, 데이터 분석 도구를 활용해 전략을 수립하거나, AI 기반 솔루션을 사용해 문제를 해결하는 리더의 모습을 통해 직원들은 AI 학습의 필요성과 가능성을 직접 체감할 수 있다.

두 번째로 중요한 요소는 적절한 교육 프로그램과 자원 제공이다. AI 학습 환경을 구축하려면 직원들이 AI에 대한 기초적인 이해부터 실질적인 활용 능력까지 단계적으로 학습할 수 있는 체계적인 교육 프로그램이 필요하다. 이러한 프로그램은 AI 기술의 기본 원리, 데이터 분석 방법, AI 기반 도구 사용법 등을 포함해야 한다. 더 나아가, 특정 직무에 맞춘 AI 활용법을 학습할 수 있도록 맞춤형 교육 과정을 제공하는 것도 중요하다. 예를 들어, 마케팅 부서는 AI를 활용한 고객 행동 예측 및 개인화 마케팅 전략을 학습할 수 있어야 하고, 제조 부서는 생산 공정에서 AI 기반 품질 관리 솔루션을 이해하고 활용할 수 있어야 한다.

AI 학습 환경은 실제 업무와의 연계를 강화해야 효과적이다. 직원들은 AI 학습이 단순한 이론적 지식에 머무르지 않고, 실제 업무와 직결될 때 더 큰 동기와 성취감을 느낀다. 이를 위해 조직은 학습과 실무를 연계할 수 있는 프로젝트를 설계해야 한다. 예를 들어, AI 학습을 통해 얻은 기술을 실시간으로 적용할 수 있는 파일럿 프로젝트를 진행하거나, AI를 활용한 문제 해결 경진대회를 개최하여 직원들이 학습한 내용을 실제 업무에 적용하도록 유도할 수 있다. 이러한 과정은 학습의 효과를 극대화하며, 직원들이 AI 기술의 가치를 직접 경험할 수 있게 한다.

AI 학습 환경 구축의 또 다른 핵심 요소는 지속적인 학습과 업데이트다. AI 기술은 빠르게 진화하고 있으며, 오늘의 학습이 내일은 더 이상 유효하지 않을 수 있다. 따라서 조직은 정기적으로 최신 AI 기술과 트렌드에 대한 학습 기회를 제공해야 한다. 이를 위해 외부 전문가 초청 강연, 최신 기술 트렌드를 반영한 워크숍, AI 관련 컨퍼런스 참여 등을 통해 직원들이 지속적으로 학습하고 성장할 수 있는 환경을 마련해야 한다. 또한, 조직 내부에서도 기술과 정보를 공유하는 커뮤니티를 활성화하여, 직원들이 서로의 지식과 경험을 나누고 협력할 수 있도록 해야 한다.

AI 학습 환경을 효과적으로 구축하기 위해서는 심리적 안전감과 실패를 허용하는 문화를 조성하는 것도 중요하다. AI는 새로운 기술이기 때문에, 직원들은 초기 학습 과정에서 시행착오를 겪을 수밖에 없다. 이때 실패를 두려워하지 않고 학습과 성장의 과정으로 받아들일 수 있는 조직 문화를 만드는 것이 필수적이다. 리더는 실패 사례를 학습의 기회로 삼고, 이를 공유하며 조직이 더 나은 결과를 도출할 수 있도록 격려해야 한다. 예를 들어, AI를 도입한 프로젝트에서 발생한 문제점을 분석하고, 이를 개선하기 위한 논의를 통해 조직 전체가 함께 성장할 수 있도록 지원해야 한다.

기술적 인프라 역시 AI 학습 환경 구축의 중요한 요소다. 직원들이 AI를 학습하고 활용하려면 안정적이고 신뢰할 수 있는 기술적 기반이 필요하다. 클라우드 기반 데이터 플랫폼, AI 분석 도구, 교육용 소프트웨어 등을 제공함으로써 직원들이 실제로 AI를 활용할 수 있는 환경을 조성해야 한다. 또한, 데이터 보안과 윤리를 강화하여 직원들이 안심하고 데이터를 다룰 수 있도록 해야 한다.

마지막으로, AI 학습 환경을 구축하려면 조직 전체의 협업과 참여를 장려해야 한다. AI 학습은 특정 부서나 소수의 직원만의 책임이 아니라, 조직 전체가 함께 노력해야 하는 과제다. 이를 위해 팀 간 협업을 촉진하고, AI 학습 성과를 공유하는 기회를 마련해야 한다. 예를 들어, AI를 활용한 성공 사례를 조직 전체와 공유하거나, AI 학습 성과를 발표하는 자리를 만들어 직원들이 서로에게 영감을 줄 수 있도록 해야 한다.

조직 내 AI 학습 환경을 구축하는 것은 단순히 기술 교육을 제공하는 것을 넘어, 조직 전체가 AI를 이해하고 활용할 수 있는 문화를 만드는 것이다. 리더십의 비전 제시, 체계적인 교육 프로그램, 실제 업무와의 연계, 지속적인 학습 기회, 심리적 안전감, 기술적 인프라, 협업과 참여 촉진은 AI 학습 환경을 구축하는 데 필수적인 요소다. 이러한 요소들이 조화를 이룰 때, 조직은 AI를 단순히 도구로 사용하는 것을 넘어, 이를 통해 혁신과 성장을 주도하는 강력한 역량을 갖추게 된다. **"AI 학습 환경을 구축한 조직만이 변화의 시대에서 주도권을 쥘 수 있다"**

AI 도입에 대한 직원 저항 극복 전략

AI의 도입은 조직에 새로운 가능성을 열어주는 동시에, 직원들에게는 불안과 저항을 야기할 수 있다. AI는 업무 방식을 혁신하고 효율성을 높이는 도구지만, 일부 직원에게는 자신의 역할이 축소되거나 대체될 수 있다는 위협으로 받아들여지기도 한다. 이러한 저항은 기술의 도입 속도를 늦추고, 조직 전체의 혁신 잠재력을 제한할 수 있다. 따라서 AI를 성공적으로 도입하려면 직원들의 저항을 최소화하고, AI가 조직과 개인 모두에게 이익을 가져다주는 기술이라는 점을 인식시키는 전략이 필요하다.

AI 도입에 대한 저항을 극복하려면 첫 번째로 투명한 커뮤니케이션이 필수적이다. 변화는 항상 불확실성을 동반하며, 이러한 불확실성은 직원들의 저항을 심화시킨다. 리더는 AI 도입의 목적과 기대되는 효과를 명확히 설명해야 한다. AI가 조직의 생산성을 높이고 경쟁력을 강화하며, 직원들의 업무를 보완하고 지원하는 역할을 한다는 점을 강조해야 한다. 특히, AI가 인간의 역할을 대체하기보다는 확장하는 도구라는 점을 설득력 있게 전달해야 한다. 예를 들어, AI를 활용해 반복적이고 단순한 업무를 자동화하면 직원들은 보다 창의적이고 전략적인 업무에 집중할 수 있다는 점을 설명해야 한다.

두 번째로 중요한 요소는 직원들의 불안을 경청하고 대응하는 것이다. 저항의 근본적인 원인은 두려움과 불확실성에서 비롯된다. 리더는 직원들과 열린 대화를 통해 그들의 우려를 이해하고, 이를 해결하기 위한 구체적인 방안을 제시해야 한다. 예를 들어, 일부 직원이 AI로 인해 직무가 축소될 것을 우려한다면, AI 도입 후에도 그들의 역할이 조직 내에서 어떻게 발전할 수 있을지를 설명해야 한다. 또한, 직원들의 피드백을 수집하고 이를 정책과 도입 과정에 반영함으로써, 그들이 변화 과정의 참여자로 느낄 수 있도록 해야 한다.

AI 도입에 대한 저항을 줄이기 위해서는 교육과 역량 강화도 필수적이다. 직원들이 AI를 이해하고 활용할 수 있는 능력을 갖추지 못하면, AI는 기술적 장벽으로 느껴질 수 있다. 따라서 AI 도입 초기부터 체계적인 교육 프로그램을 마련하여, 직원들이 AI의 기본 원리와 도구 사용법을 익힐 수 있도록 해야 한다. 또한, AI를 업무에 적용하는 실습 기회를 제공하여 직원들이 새로운 기술을 실제로 경험하고 자신감을 가질 수 있도록 지원해야 한다. 예를 들어, AI 기반 데이터 분석 도구를 사용하는 워크숍을 열어 직원들이 데이터를 기반으로 의사결정을 내리는 방법을 학습하게 할 수 있다.

AI 도입에 대한 저항을 극복하기 위해 리더는 작은 성공 사례를 공유하는 전략을 활용해야 한다. 대규모 변화를 한 번에 추진하려는 시도는 종종 큰 저항에 부딪힐 수 있다. 대신, 소규모 파일럿 프로젝트를 통해

AI 도입의 이점을 입증하고, 이러한 성공 사례를 조직 내에 확산시키는 접근법이 효과적이다. 예를 들어, 특정 부서에서 AI를 활용해 업무 효율성을 높이고 성과를 향상시킨 사례를 다른 부서와 공유하면, AI 도입에 대한 긍정적인 인식이 조직 전반으로 확산될 수 있다. 이러한 성공 사례는 직원들에게 AI가 실질적인 이점을 가져다줄 수 있다는 신뢰를 심어준다.

또한, AI 도입 과정에서는 공동의 목표와 비전을 제시하는 것이 중요하다. 조직 전체가 AI 도입을 단순한 기술적 변화로 보는 것이 아니라, 조직의 미래를 설계하고 경쟁력을 강화하기 위한 전략적 도전으로 인식해야 한다. 이를 위해 리더는 AI 도입이 조직의 장기적인 목표와 어떻게 연결되는지를 명확히 설명해야 한다. 예를 들어, "AI를 통해 고객 경험을 혁신하고, 더 나은 서비스를 제공하는 것이 우리 조직의 목표"라는 메시지를 전달함으로써, 직원들이 변화의 방향성과 가치를 이해하도록 해야 한다.

AI 도입에 대한 저항을 극복하려면 변화 과정에서 직원들의 역할을 인정하고 격려하는 것도 중요하다. 직원들은 자신이 변화의 일부로 인정받고 있다는 느낌을 받을 때, 더 적극적으로 변화를 수용한다. 리더는 AI 도입 과정에서 직원들의 기여를 공개적으로 칭찬하고, 그들의 노력을 보상하는 문화를 만들어야 한다. 예를 들어, AI 도입에 기여한 직원들에게 포상을 제공하거나, 새로운 기술을 성공적으로 활용한 사례를 뉴스레터에 소개함으로써, AI 도입 과정이 개인의 성장과 발전에도 긍정적인 영향을 미칠 수 있음을 강조해야 한다.

AI 도입 과정에서는 윤리적 고려와 데이터 보호도 중요하다. AI 도입에 대한 저항은 종종 데이터 프라이버시와 같은 윤리적 문제에서 비롯되기도 한다. 리더는 AI 도입 과정에서 데이터 윤리와 보안을 철저히 준수하며, 직원들에게 이와 관련된 정책을 투명하게 공개해야 한다. 예를 들어, 고객 데이터를 AI가 분석할 때 데이터 보호와 보안이 철저히 이루어진다는 점을 직원들에게 알리고, 이에 대한 신뢰를 구축해야 한다.

마지막으로, AI 도입에 대한 저항을 극복하기 위해서는 지속적인 변화관리가 필요하다. AI 도입은 단기적인 프로젝트로 끝나는 것이 아니라, 조직의 장기적인 변화 과정의 일부다. 리더는 AI 도입 이후에도 직원들의 피드백을 수집하고, 지속적으로 AI 기술과 업무 프로세스를 개선하며, 변화의 방향성을 조정해야 한다. 이를 통해 조직은 AI 기술을 도입하는 것을 넘어, 이를 문화와 전략의 핵심으로 자리 잡게 할 수 있다.

AI 도입에 대한 직원 저항을 극복하는 것은 조직 혁신의 필수 과정이다. 투명한 커뮤니케이션, 직원들의 우려 경청, 체계적인 교육, 작은 성공 사례 공유, 공동의 목표 제시, 직원의 역할 인정과 보상, 윤리적 고려와 변화 관리는 AI 도입을 성공으로 이끄는 데 필수적인 전략들이다. AI는 기술적 혁신일 뿐 아니라, 사람과 조직을 연결하고, 새로운 가치를 창출하는 도구다. **"AI 도입의 성공은 기술이 아니라, 이를 수용하고 활용하는 사람들의 마음을 얻는 데 달려 있다."**

협업과 창의성을 강화하는 AI 활용

AI는 단순히 업무 효율성을 높이는 도구를 넘어, 조직 내 협업과 창의성을 촉진하는 강력한 촉매제다. AI는 데이터 분석과 패턴 인식을 통해 새로운 통찰을 제공하고, 반복적이고 단순한 작업을 자동화하여 직원들이 창의적이고 협력적인 작업에 집중할 수 있도록 한다. 조직이 AI를 단순한 기술로 보는 것을 넘어, 협업과 창의성을 강화하는 전략적 도구로 활용한다면, 혁신적인 성과를 창출할 수 있다.

AI가 협업을 강화하는 첫 번째 방식은 정보의 투명성과 접근성을 높이는 것이다. 조직 내에서 다양한 부서와 팀이 협력하려면, 필요한 정보가 신속하고 정확하게 공유되어야 한다. AI는 데이터 통합과 분석을 통해 부서 간 소통을 원활히 하고, 의사결정을 지원하는 데 필수적인 정보를 제공한다. 예를 들어, AI 기반 데이터 시각화 도구를 사용하면, 복잡한 데이터 세트를 이해하기 쉽게 시각화하여 팀 전체가 동일한 정보를 바탕으로 협력할 수 있다. 이는 정보의 비대칭성을 줄이고, 협업의 효율성을 극대화한다.

또한, AI는 팀 간 역할 분담과 자원 배분을 최적화하여 협업을 지원한다. 프로젝트를 진행할 때, AI는 각 팀원의 강점과 약점을 분석해 최적의 역할을 배정할 수 있다. 예를 들어, AI는 직원의 과거 성과 데이터와 스킬셋을 분석하여, 특정 프로젝트에 적합한 인재를 추천하거나, 팀 구성원의 작업 부하를 균형 있게 배분할 수 있다. 이는 조직 내 불균형한 업무 분담이나 협업 과정에서 발생할 수 있는 갈등을 줄이고, 팀이 최상의 성과를 낼 수 있도록 돕는다.

AI는 다양성과 포용성을 기반으로 한 창의적 아이디어 도출에도 기여한다. AI는 데이터를 기반으로 기존에 간과되었던 통찰을 제공하거나, 서로 다른 관점과 아이디어를 결합할 수 있는 기회를 만들어낸다. 예를 들어, 글로벌 기업에서 AI는 지역별 고객 데이터를 분석해 각 지역의 특성을 반영한 새로운 아이디어를 제안할 수 있다. 이는 조직이 보다 다양한 시각을 고려하며, 혁신적인 솔루션을 도출할 수 있도록 돕는다.

AI는 또한 팀워크를 강화하는 디지털 협업 도구로 활용된다. AI 기반 협업 플랫폼은 직원 간의 소통을 강화하고, 팀이 효율적으로 협력할 수 있도록 지원한다. 예를 들어, AI는 팀 채팅에서 논의된 주요 내용을 요약하거나, 프로젝트의 진행 상황을 자동으로 업데이트하는 기능을 제공한다. 이를 통해 직원들은 더 나은 소통 환경에서 작업할 수 있으며, 반복적인 관리 업무에 소요되는 시간을 줄이고 본질적인 창의적 작업에 집중할 수 있다.

창의성을 강화하는 데 있어 AI는 새로운 아이디어의 발굴과 발전을 지원한다. AI는 방대한 데이터를 분석해 인간이 놓칠 수 있는 패턴과 가능성을 발견하고, 이를 기반으로 새로운 아이디어를 제안할 수 있다. 예를 들어, 패션 업계에서는 AI가 소비자 선호 데이터를 분석해 차기 시즌의 디자인 트렌드를 예측하거나, 영화 산업에서는 AI가 기존 시나리오의 성공 요소를 분석해 새로운 스토리라인을 개발할 수 있도록 지원한다. 이러한 방식으로 AI는 직원들이 더욱 혁신적인 아이디어를 개발할 수 있도록 영감을 제공한다.

AI는 반복 작업의 자동화를 통해 직원들이 창의적인 업무에 더 많은 시간을 할애할 수 있도록 한다. 반복적이고 시간이 많이 소요되는 작업을 자동화하면, 직원들은 보다 전략적이고 창의적인 업무에 집중할 수 있다. 예를 들어, 마케팅 부서는 AI를 사용해 고객 데이터를 자동으로 세분화하고, 개인화된 이메일 캠페인을 실행하는 데 드는 시간을 절약할 수 있다. 이를 통해 마케팅 팀은 더 혁신적인 캠페인 전략을 구상하고 실행할 수 있는 여유를 확보하게 된다.

AI는 또한 실시간 피드백과 학습 환경을 제공하여 창의적 역량을 강화한다. AI 기반 학습 도구는 직원들에게 맞춤형 피드백을 제공하고, 학습 과정을 개인화하여 직원들이 더욱 효과적으로 기술과 지식을 습득할 수 있도록 한다. 예를 들어, 디자인 팀은 AI를 통해 실시간으로 디자인에 대한 피드백을 받거나, 개선점을 제안받을 수 있다. 이러한 피드백은 팀이 더 나은 결과물을 창출할 수 있도록 지원하며, 창의적 성과를 지속적으로 향상시킨다.

AI는 협업과 창의성을 저해할 수 있는 장애물을 제거하는 데에도 중요한 역할을 한다. 예를 들어, 언어의 장벽은 글로벌 팀 간 협업에서 흔히 발생하는 문제다. AI 기반 번역 도구는 실시간으로 정확한 번역을 제공하여, 서로 다른 언어를 사용하는 팀원들 간의 의사소통을 원활히 한다. 또한, AI는 데이터 보안 및 프라이버시 문제를 자동으로 관리해, 협업 과정에서 발생할 수 있는 불필요한 걱정을 줄여준다.

AI를 협업과 창의성 강화에 효과적으로 활용하려면 조직은 몇 가지 조건을 충족해야 한다. 첫째, AI 도구와 기술을 적절히 통합하여 직원들이 이를 쉽게 활용할 수 있도록 해야 한다. 둘째, AI 활용의 윤리적 측면과 데이터 보안을 철저히 관리하여 신뢰를 구축해야 한다. 셋째, 직원들이 AI를 이해하고 창의적으로 활용할 수 있도록 교육과 훈련 프로그램을 제공해야 한다. 이러한 조건을 충족하면, AI는 단순한 기술 도구를 넘어 조직의 창의성과 협업을 촉진하는 핵심 요소로 자리 잡을 수 있다.

AI는 협업과 창의성을 새로운 차원으로 끌어올릴 수 있는 강력한 도구다. AI를 통해 조직은 정보의 투명성을 높이고, 역할 분담을 최적화하며, 창의적인 아이디어를 발굴하고, 반복 작업을 자동화할 수 있다. 이를 통해 직원들은 더욱 협력적으로 일하고, 더 혁신적인 결과물을 창출할 수 있다. **"AI를 협업과 창의성의 촉매제로 활용하는 조직만이 미래의 변화를 선도할 수 있다."**

조직 전체에 혁신 DNA 심기

AI와 디지털 기술이 주도하는 시대에서 혁신은 조직이 생존하고 성장하기 위해 반드시 갖춰야 할 핵심 요소다. 그러나 혁신은 단순히 기술을 도입하거나 새로운 아이디어를 채택하는 데 그치지 않는다. 혁신은 조직 전체의 사고방식과 문화, 그리고 행동 방식에 깊이 뿌리내려야 지속 가능하다. 조직 전체에 혁신 DNA를 심는다는 것은 단순한 변화 관리가 아니라, 혁신이 자연스럽게 조직의 모든 과정과 의사결정에 스며드는 상태를 의미한다.

혁신 DNA를 심기 위해 첫 번째로 중요한 요소는 리더의 역할이다. 리더는 조직에서 혁신의 방향을 제시하고, 혁신이 가져올 기회를 명확히 보여주며, 직원들이 변화를 두려워하지 않도록 독려해야 한다. AI와 같은 기술이 주도하는 변화는 기존의 업무 방식과 구조를 뒤흔들 수 있기 때문에, 리더는 직원들에게 혁신이 단순한 기술적 도입이 아니라, 더 나은 미래를 설계하기 위한 전략적 과정이라는 점을 설득력 있게 전달해야 한다. 예를 들어, 리더는 AI가 반복적인 작업을 자동화하고, 직원들이 창의적이고 고부가가치 업무에 집중할 수 있도록 지원한다는 점을 강조해야 한다.

두 번째로 중요한 것은 조직 내 모든 구성원이 혁신의 주체가 되는 환경을 조성하는 것이다. 혁신은 특정 부서나 소수의 전문가만의 책임이 아니다. 조직 전체가 혁신을 주도하고, 이를 실행하는 데 적극적으로 참여해야 한다. 이를 위해 리더는 구성원들에게 실질적인 권한을 부여하고, 창의적 아이디어를 제안할 수 있는 공간과 자원을 제공해야 한다. 예를 들어, 직원들이 자신의 아이디어를 공유할 수 있는 플랫폼을 구축하거나, 팀 간 협업을 통해 혁신적인 프로젝트를 추진할 수 있는 환경을 만들어야 한다.

조직 전체에 혁신 DNA를 심기 위해서는 실패를 두려워하지 않는 문화를 구축하는 것도 필수적이다. 혁신은 항상 불확실성과 위험을 동반하며, 성공적인 결과를 얻기까지 수많은 시행착오가 필요하다. 리더는 실패를 단순히 부정적으로 인식하지 않고, 이를 학습과 성장의 기회로 바라보는 태도를 조직에 심어야 한다. 예를 들어, AI 도입 과정에서 발생한 실패 사례를 조직 전체와 공유하고, 이를 통해 얻은 교훈을 바탕으로 더 나은 전략을 설계하는 과정을 통해 직원들이 실패를 두려워하지 않고 도전할 수 있도록 격려해야 한다.

혁신 DNA를 심기 위해 네 번째로 중요한 요소는 데이터 기반 사고방식이다. AI 시대에서 데이터는 혁신의 원천이자 동력이다. 조직은 데이터를 단순한 정보로 취급하는 것이 아니라, 데이터를 통해 문제를 정의하고, 새로운 기회를 탐색하며, 실행 가능한 전략을 도출하는 과정에서 활용해야 한다. 이를 위해 모든 직원들이 데이터를 이해하고 분석할 수 있는 데이터 리터러시를 갖추도록 교육하고, 데이터 기반 의사결정을 지원하는 기술적 도구와 프로세스를 제공해야 한다.

　조직 전체에 혁신 DNA를 심으려면 지속적인 학습과 성장을 장려하는 환경을 조성하는 것도 중요하다. 기술과 시장 환경은 빠르게 변화하고 있으며, 조직이 이러한 변화에 적응하려면 학습과 성장이 지속적으로 이루어져야 한다. 이를 위해 조직은 외부 전문가 초청 강연, 내부 워크숍, 최신 기술과 트렌드에 대한 학습 기회를 제공해야 한다. 또한, 직원들이 자신만의 학습 목표를 설정하고 이를 달성할 수 있도록 지원하는 시스템을 구축해야 한다.

　또한, **조직 내 협업과 소통의 활성화는 혁신 DNA를 심는 데 중요한 역할을 한다.** 혁신은 다양한 관점과 아이디어가 결합될 때 더욱 강력해진다. 이를 위해 팀 간 장벽을 허물고, 협력과 정보 공유를 촉진하는 환경을 조성해야 한다. 예를 들어, AI를 활용한 협업 플랫폼을 도입하여 팀 간 소통을 원활히 하고, 프로젝트 진행 상황을 실시간으로 공유함으로써 모든 구성원이 혁신 과정에 참여할 수 있도록 해야 한다.

　마지막으로, 혁신 DNA를 심기 위해 성과를 인정하고 보상하는 시스템을 마련해야 한다. 혁신적인 아이디어와 실행은 구성원들의 노력이 뒷받침될 때 비로소 현실화된다. 리더는 구성원들의 혁신적 시도와 성과를 인정하고, 이를 조직 전체에 알리며, 적절한 보상을 제공해야 한다. 예를 들어, 혁신적인 아이디어를 제안하거나 성공적으로 실행한 팀에 보너스를 지급하거나, 이를 내부 소통 채널에 공유하여 그들의 노력을 격려하는 방식은 조직 전체에 긍정적인 동기를 부여할 수 있다.

　　　　　AI 마인드셋과 AI력(力)으로 리더하라!

조직 전체에 혁신 DNA를 심는 것은 단순히 기술 도입이나 일회성 프로젝트로는 불가능하다. 리더십의 비전 제시, 구성원의 참여와 권한 부여, 실패를 두려워하지 않는 문화, 데이터 기반 사고방식, 지속적인 학습 환경, 협업 활성화, 그리고 성과 인정과 보상이 조화를 이루어야만 혁신이 조직의 일상적인 부분으로 자리 잡을 수 있다. 혁신 DNA를 심은 조직만이 변화의 시대에서 지속적으로 성장하며, 미래를 주도할 수 있는 경쟁력을 갖출 수 있다. **"혁신은 조직의 문화와 DNA로 뿌리내릴 때 비로소 지속 가능한 성과를 만들어낸다."**

3부

AI 力 : 기업 리더가
알아야 하는 AI 실무 활용

6장

AI 力이란 무엇인가?

AI 力의 정의: 리더가 갖춰야 할 새로운 역량

AI가 주도하는 디지털 전환 시대, 기업 리더에게 요구되는 역량은 과거와는 근본적으로 달라지고 있다. 조직의 성과를 결정짓는 핵심 요소가 데이터를 기반으로 한 통찰과 AI 기술을 효과적으로 활용하는 능력으로 이동하면서, 새로운 리더십 역량인 AI력(AI Competency)이 주목받고 있다. AI력은 리더가 AI의 본질과 가능성을 이해하고, 이를 비즈니스 전략과 운영에 통합하며, 혁신을 주도하는 능력을 말한다. 이는 기술적 지식뿐 아니라, 창의적이고 전략적인 사고를 통해 AI를 조직의 경쟁력으로 전환하는 포괄적인 역량이다.

AI 力

AI 활용으로 문제 해결, 기회 창출, 지속 가능한 성과를 이끄는 능력

AI력은 단순히 AI 기술을 이해하는 것을 넘어, 이를 통해 문제를 해결하고 새로운 기회를 창출하며, 지속 가능한 성과를 이끌어내는 능력이다. 과거 리더십이 경험과 직관을 기반으로 조직을 이끌었다면, AI 시대의 리더십은 데이터와 기술을 기반으로 변화를 읽고 대응하며 미래를 설계하는 데 중점을 둔다. AI력은 리더가 조직의 모든 계층에서 AI를 도입하고 활용하는 과정을 주도하면서, AI를 활용해 직원과 조직 모두가 더 높은 가치를 창출할 수 있도록 돕는 데 필수적이다.

AI력의 핵심은 AI에 대한 이해와 통찰력에서 출발한다. 리더는 AI가 단순히 기술적 혁신의 도구가 아니라, 비즈니스 모델을 재설계하고, 고객 경험을 혁신하며, 시장에서의 경쟁 우위를 확보하는 강력한 도구임을 인식해야 한다. 이를 위해 AI가 어떻게 작동하고, 어떤 문제를 해결할 수 있으며, 비즈니스에 어떤 영향을 미칠 수 있는지를 깊이 이해해야 한다. 예를 들어, AI를 활용해 고객 데이터를 분석하면 새로운 시장 기회를 발견할 수 있고, 공급망 운영에서 AI를 적용하면 비용 절감과 효율성 향상이 가능하다는 점을 명확히 인식해야 한다.

AI력은 또한 AI 기술과 데이터를 전략적으로 분석하고 활용하는 능력을 포함한다. AI는 데이터에서 가치를 창출하는 기술이기 때문에, 리더는 데이터의 수집, 관리, 분석 과정을 이해하고 이를 의사결정에 반영할 수 있어야 한다. 예를 들어, 리더는 AI가 제공하는 예측 분석 결과를 기반으로 시장 변화에 신속히 대응하거나, 고객의 니즈를 예측해 개인화된 제품과 서비스를 제공하는 전략을 수립할 수 있어야 한다. 이러한 능력은 단순히 기술을 활용하는 것을 넘어, 데이터를 통해 조직의 방향성을 명확히 설정하고 전략적 통찰을 도출하는 데 기여한다.

AI력의 또 다른 중요한 측면은 AI 기반 솔루션을 실행하고 관리하는 실행력이다. AI 기술을 도입하는 과정은 기술적 도전뿐 아니라 조직적 저항, 리소스 할당, 그리고 변화 관리와 같은 다양한 과제를 동반한다. 리더는 AI 도입 과정에서 발생하는 이러한 문제를 해결하고, 기술과 조직의 목표를 효과적으로 조율할 수 있는 실행력을 갖춰야 한다. 이는 단순히 AI 프로젝트를 성공적으로 완수하는 데 그치지 않고, AI가 조직의 장기적 경쟁력을 강화할 수 있도록 지속 가능한 시스템을 구축하는 것을 포함한다.

AI력은 또한 창의성과 문제 해결 능력을 강조한다. AI는 강력한 분석 도구이지만, 최적의 해결책을 제시하기 위해서는 인간의 창의성과 판단이 필수적이다. 리더는 AI의 결과를 비판적으로 평가하고, 이를 창의적인 방식으로 활용해 비즈니스 문제를 해결하거나 새로운 아이디어를 도출할 수 있어야 한다. 예를 들어, AI가 소비자 행동 데이터를 분석해 특정 트렌드를 제시하면, 리더는 이를 바탕으로 시장에서 차별화된 제품을 설계하거나, 새로운 비즈니스 모델을 개발할 수 있어야 한다.

AI력은 또한 윤리적 책임감과 데이터 보호에 대한 이해를 포함해야 한다. AI 기술이 강력한 도구인 만큼, 잘못된 활용은 조직의 평판과 신뢰를 손상시킬 수 있다. 리더는 AI를 활용하는 과정에서 발생할 수 있는 윤리적 문제, 데이터 프라이버시 문제, 알고리즘 편향 등을 인식하고 이를 예방할 수 있는 책임 있는 리더십을 발휘해야 한다. 예를 들어, AI가 고객 데이터를 분석할 때 개인정보 보호 규정을 준수하고, 기술이 공정성과 투명성을 유지하도록 지속적으로 관리해야 한다.

AI력을 갖추기 위해 리더는 지속적으로 학습하고 성장해야 한다. AI와 데이터 기술은 빠르게 진화하고 있으며, 오늘날의 지식은 내일의 변화에 대응하기에 부족할 수 있다. 리더는 AI 관련 최신 기술과 트렌드를 파악하고, 이를 조직에 적용할 수 있는 역량을 강화해야 한다. 이를 위해 AI 컨퍼런스 참석, 전문가 네트워크 구축, 내부 교육 프로그램 활용 등을 통해 지속적으로 AI에 대한 이해와 적용 능력을 발전시켜야 한다.

AI력은 단순한 기술적 역량이 아니라, 기술을 전략적으로 이해하고 활용해 조직의 성과와 경쟁력을 극대화하는 포괄적인 리더십 역량이다. 리더는 AI력을 통해 조직 내 변화와 혁신을 주도하며, AI를 조직의 목표와 일치시키는 동시에, 새로운 가치를 창출할 수 있다. **"AI력은 AI 시대의 리더십을 정의하는 새로운 기준이며, 이를 갖춘 리더만이 조직을 미래로 이끌 수 있다."**

【AI력을 보유한 리더의 중요성】

구분	설명	예시
미래지향적 전략 수립	AI력을 통해 데이터 기반 통찰을 활용하여 장기적인 비즈니스 전략을 설계할 수 있음	AI를 활용해 시장 트렌드와 고객 행동을 예측하여 새로운 제품 라인 개발
효율성 증대	AI를 통해 반복적이고 단순한 작업을 자동화하여 조직의 효율성을 높이고, 직원들이 고부가가치 업무에 집중할 수 있도록 함	AI로 생산 공정 데이터를 실시간 모니터링하여 운영 비용 절감과 품질 관리 개선
경쟁 우위 확보	AI를 활용해 시장 변화에 신속히 대응하고, 고객 맞춤형 서비스를 제공하여 경쟁사와 차별화된 경쟁력을 갖춤	고객 데이터를 분석해 맞춤형 마케팅 캠페인을 실행하고 고객 충성도를 향상
혁신 주도	AI를 통해 새로운 아이디어를 발굴하고 기존 문제를 창의적으로 해결하여 조직의 혁신을 가속화함	AI가 제공하는 분석 결과를 바탕으로 지속 가능한 비즈니스 모델을 설계하여 새로운 시장 창출
데이터 기반 의사 결정	데이터를 분석하고 이를 기반으로 의사결정을 내림으로써 더 나은 결과와 예측 가능한 성과를 달성함	판매 데이터를 분석해 저조한 제품군의 생산량을 줄이고, 인기 있는 제품군에 자원을 재분배
조직 문화 변화 선도	AI력을 통해 데이터 활용 문화를 조성하고, 조직 내에서 혁신과 협업 중심의 환경을 구축함	AI 기반 협업 플랫폼을 도입해 부서 간 정보 공유를 활성화하고 프로젝트 효율성을 강화
윤리적 리더십 발휘	AI 활용 과정에서 데이터 윤리와 공정성을 유지하며, 신뢰를 기반으로 조직과 외부 이해관계자의 신뢰를 확보함	고객 데이터를 분석할 때 개인정보 보호 기준을 철저히 준수하고 데이터 활용의 투명성을 보장
지속 가능한 성장	AI를 활용해 조직의 장기적 성장 동력을 강화하고, 변화하는 환경에서도 지속 가능성을 확보함	AI를 통해 탄소 배출 데이터를 분석하고, 친환경 생산 공정을 설계하여 ESG 경영 강화

AI력의 핵심 요소 : 이해, 분석, 실행력

AI가 주도하는 시대, 리더가 조직을 성공적으로 이끌기 위해서는 새로운 리더십 역량인 AI력을 갖추는 것이 필수적이다. AI력은 리더가 AI 기술과 데이터를 전략적으로 이해하고 활용하며, 이를 통해 조직의 혁신과 경쟁력을 강화하는 능력을 의미한다. 이는 단순히 기술적 이해에 그치지 않고, 분석적 사고와 실행력을 결합해 조직 내 변화를 주도하고 지속 가능한 성과를 창출하는 포괄적인 역량이다. AI력을 구성하는 핵심 요소는 크게 이해, 분석, 실행력, 창의적 문제 해결, 윤리적 책임감, 그리고 지속적인 학습과 성장으로 나눌 수 있다.

첫 번째 핵심 요소는 AI에 대한 깊은 이해다. 리더는 AI의 기본 원리와 가능성을 명확히 이해해야 하며, AI가 조직의 목표와 비즈니스 모델에 어떻게 기여할 수 있는지 파악해야 한다. AI는 단순히 데이터를 처리하고 결과를 제시하는 도구가 아니라, 조직의 운영 방식과 의사결정을 근본적으로 변화시키는 강력한 촉매제다. 리더는 AI 기술이 제공할 수 있는 기회와 한계를 모두 이해하고, 이를 조직의 전략과 실행 계획에 효과적으로 반영할 수 있어야 한다. 예를 들어, 리더는 AI가 고객 데이터를 분석해 소비자 행동을 예측하고, 이를 통해 맞춤형 마케팅 캠페인을 설계할 수 있다는 점을 명확히 인식해야 한다.

두 번째 핵심 요소는 데이터 분석 역량이다. AI는 데이터를 기반으로 작동하며, 데이터는 AI의 연료와 같다. 따라서 리더는 데이터의 중요성을 인식하고, 데이터를 효과적으로 수집하고 관리하며 분석할 수 있는 능력을 갖춰야 한다. 이 과정에서 리더는 데이터가 어떻게 수집되는지, 데이터 품질을 유지하기 위해 어떤 프로세스가 필요한지, 그리고 데이터를 통해 조직에 어떤 통찰력을 제공할 수 있는지를 이해해야 한다. 예를 들어, 리더는 판매 데이터, 고객 피드백 데이터, 시장 데이터 등을 통합적으로 분석해 조직의 제품 개발이나 마케팅 전략에 반영할 수 있어야 한다.

데이터 분석 역량은 단순히 기술적 이해를 넘어, 데이터를 기반으로 전략적 의사결정을 내리는 능력을 포함한다. AI는 방대한 데이터를 처리해 통찰을 제공하지만, 리더는 이 결과를 비즈니스 맥락에서 해석하고, 이를 실행 가능한 전략으로 변환해야 한다. 예를 들어, AI가 경쟁사의 시장 점유율을 분석한 결과를 제공했다면, 리더는 이를 기반으로 경쟁 우위를 확보하기 위한 가격 전략이나 차별화된 마케팅 캠페인을 설계할 수 있어야 한다.

세 번째 핵심 요소는 실행력이다. AI 기술을 이해하고 분석 결과를 도출하는 것만으로는 충분하지 않다. 리더는 AI 프로젝트를 성공적으로 실행할 수 있는 실행력을 갖춰야 한다. 실행력은 AI 도입과 관련된 기술적, 조직적, 재정적 과제를 효과적으로 관리하고, 조직 내 이해관계자들의 협력을 이끌어내는 능력을 포함한다. 리더는 AI 기술이 도입되는 과정에서 발생할 수 있는 저항과 문제를 사전에 예측하고, 이를 해결하기 위한 구체적인 전략을 수립해야 한다. 예를 들어, AI를 활용한 새로운 고객 관리 시스템을 도입할 때, 기존 시스템과의 통합 과정에서 발생할 수 있는 문제를 해결하고, 직원들이 새로운 시스템을 원활히 사용할 수 있도록 교육과 지원을 제공해야 한다.

실행력은 또한 AI가 조직의 목표에 맞게 효과적으로 운영되도록 지속적으로 관리하는 능력을 포함한다. AI는 한 번 도입하고 끝나는 기술이 아니라, 지속적인 유지보수와 개선이 필요한 기술이다. 리더는 AI 기술의 성과를 정기적으로 검토하고, 필요에 따라 조정을 통해 AI가 조직에 실질적인 가치를 제공할 수 있도록 해야 한다.

네 번째 핵심 요소는 창의적 문제 해결 능력이다. AI는 강력한 분석 도구이지만, 최적의 해결책을 제시하기 위해서는 인간의 창의성과 판단력이 필요하다. 리더는 AI의 결과를 비판적으로 평가하고, 이를 창의적인 방식으로 활용해 조직의 문제를 해결하거나 새로운 기회를 창출할 수 있어야 한다. 예를 들어, AI가 고객 행동 데이터를 분석해 특정 제품의 수요가 증가하고 있다는 통찰을 제공하면, 리더는 이를 기반으로 시장에서 경쟁 우위를 확보하기 위한 창의적인 전략을 설계할 수 있어야 한다.

다섯 번째 핵심 요소는 윤리적 책임감이다. AI는 강력한 도구인 만큼, 잘못된 활용은 조직의 신뢰와 평판을 손상시킬 수 있다. 리더는 AI를 활용하는 과정에서 데이터 프라이버시, 알고리즘 편향, 그리고 윤리적 문제를 철저히 관리해야 한다. 이는 AI 도입 초기 단계부터 윤리적 기준을 명확히 설정하고, 이를 준수하는 시스템을 구축하는 것을 포함한다. 예를 들어, AI가 고객 데이터를 분석할 때, 해당 데이터가 허가된 방식으로 수집되고 사용되고 있는지를 확인해야 한다. 또한, AI가 공정성과 투명성을 유지할 수 있도록 정기적으로 점검해야 한다.

마지막으로, 지속적인 학습과 성장은 AI력을 구성하는 필수 요소다. AI와 데이터 기술은 빠르게 진화하고 있으며, 오늘의 지식이 내일은 유효하지 않을 수 있다. 리더는 AI와 관련된 최신 기술과 트렌드를 학습하고, 이를 조직에 적용할 수 있는 역량을 지속적으로 발전시켜야 한다. 이를 위해 AI 관련 컨퍼런스에 참석하거나, 전문가 네트워크를 구축하며, 내부적으로 AI 교육 프로그램을 운영하는 등의 노력이 필요하다.

AI력은 AI 시대의 리더가 갖춰야 할 핵심 역량이다. 위 AI력의 핵심 요소들이 조화를 이루어 리더는 AI를 통해 조직의 혁신과 성장을 주도할 수 있다. **"AI력은 단순히 기술적 역량이 아니라, 기술을 통해 새로운 가치를 창출하는 리더십의 핵심이다."**

【AI력의 핵심 요소】

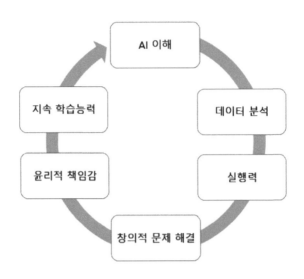

핵심 요소	설명
AI 이해	AI의 기본 원리와 가능성을 이해하고, AI가 조직에 미칠 수 있는 영향을 명확히 인식하는 능력
데이터 분석	데이터를 수집, 관리, 분석하고, 이를 바탕으로 의사결정과 비즈니스 전략을 도출하는 능력
실행력	AI 기반 솔루션을 도입하고 관리하며, 조직 내 저항을 극복하고 지속 가능한 시스템을 구축하는 능력
창의적 문제 해결	AI를 활용해 데이터를 비판적으로 평가하고, 창의적으로 문제를 해결하며 새로운 아이디어를 도출하는 능력
윤리적 책임감	AI 활용 과정에서 발생할 수 있는 윤리적 문제와 데이터 보호 이슈를 인식하고, 이를 책임감 있게 관리하는 능력
지속 학습 능력	AI와 데이터 기술의 빠른 변화를 따라가며, 최신 트렌드와 기술을 조직에 적용할 수 있는 학습 역량

AI 마인드셋과 AI력(力)으로 리더하라!

AI력의 자가 진단 체크리스트를 통한 진단과 개선

AI 시대에 조직의 성패는 리더의 AI력(AI Competency)에 달려 있다. AI력은 단순히 기술적인 이해에 그치지 않고, AI와 데이터를 전략적으로 활용해 조직의 혁신과 성과를 주도하는 능력을 의미한다. 이를 제대로 갖추기 위해서는 자신의 현재 역량을 객관적으로 평가하고, 이를 기반으로 개선 방안을 마련하는 체계적인 과정이 필요하다. AI력 자가 진단 체크리스트는 리더가 AI 시대의 요구를 충족하기 위해 반드시 거쳐야 할 중요한 단계다.

AI력 자가 진단은 과정, 결과, 그리고 개선의 세 가지 축으로 구성된다. 이를 통해 리더는 자신의 AI 역량 수준을 명확히 파악하고, 약점을 보완하며, 지속적으로 성장할 수 있는 실질적인 방법을 도출할 수 있다.

자가 진단은 조직의 AI 도입 및 활용에서 리더의 역할을 다각도로 점검하는 과정을 포함한다. 이 과정은 AI력의 주요 구성 요소인 AI 이해, 데이터 분석, 실행력, 창의적 문제 해결, 윤리적 책임감, 그리고 지속적 학습을 기준으로 항목화된다. 진단 과정에서 리더는 다음과 같은 질문에 답하며 자신의 역량을 평가한다.

【AI력 자가 진단 체크리스트】

번호	구분	진단 항목	점수 (5점 만점)
1	AI 이해	AI의 기본 원리와 기술적 특징을 이해하고 있다.	
2		AI가 조직의 목표를 달성하는 데 어떻게 기여할 수 있는지 명확히 설명할 수 있다.	
3		AI의 한계와 잠재적 위험을 이해하고 있다.	
4	데이터 분석	데이터의 품질과 중요성을 인식하고 평가할 수 있다.	
5		데이터를 활용해 조직에 의미 있는 통찰력을 도출할 수 있다.	
6		데이터 기반으로 전략적 의사결정을 내릴 수 있다.	
7	실행력	조직 내 AI 프로젝트를 기획하고 실행한 경험이 있다.	
8		AI 도입 과정에서 발생하는 도전과 문제를 효과적으로 관리할 수 있다.	
9		조직 내 AI 기술 도입에 대한 직원들의 저항을 해결할 수 있는 전략을 보유하고 있다.	
10	창의적 문제 해결	AI가 제공하는 통찰을 활용해 새로운 비즈니스 모델을 설계한 경험이 있다.	
11		AI를 활용해 복잡한 문제를 해결할 수 있는 창의적 접근 방식을 개발했다.	
12		AI의 결과를 비판적으로 평가하고 최적의 해결책을 도출할 수 있다.	
13	윤리적 책임감	AI 활용 과정에서 데이터 프라이버시와 공정성을 유지하기 위한 정책을 마련했다.	
14		AI와 관련된 윤리적 문제와 사회적 영향을 고려한 의사결정을 내리고 있다.	
15		조직의 AI 활용이 법적 규제와 사회적 기대를 충족하는지 정기적으로 점검한다.	

16	지속적 학습과 성장	AI와 관련된 최신 기술 및 트렌드를 학습하기 위해 정기적으로 노력한다.	
17		AI 기술 발전에 따라 전략과 방향을 조정할 수 있다.	
18	협업 및 학습 문화	조직 내 AI 학습 문화를 촉진하고 직원들의 AI 역량 강화를 지원한다.	
19		다양한 전문가 및 부서와 협력해 AI 활용 프로젝트를 성공적으로 수행한 경험이 있다.	
20	글로벌 관점	AI를 활용해 글로벌 시장에서 경쟁 우위를 확보할 수 있는 전략을 수립할 수 있다.	
	합계		

이러한 질문은 체크리스트의 형태로 구성되며, 각 항목에 대해 1점(전혀 그렇지 않다)에서 5점(매우 그렇다)까지 점수를 매기도록 설계된다. 이를 통해 리더는 자신의 강점과 약점을 정량적으로 파악할 수 있다.

자가 진단 결과는 리더의 AI력 수준을 총체적으로 드러낸다. 결과를 통해 리더는 자신의 강점과 약점을 구체적으로 확인할 수 있다. 예를 들어, AI와 데이터에 대한 이해는 높은 점수를 받았지만, 실행력과 창의적 문제 해결 영역에서 낮은 점수를 받은 경우, 이는 리더가 전략 구상에는 능숙하지만, 이를 현실로 구현하거나 창의적인 접근으로 확장하는 데 어려움을 겪고 있음을 시사한다. 결과 분석은 단순한 점수의 나열을 넘어, 항목 간 연관성과 패턴을 파악하는 데 중점을 둔다. 예를들어, 윤리적 책임감 항목에서 낮은 점수를 받았다면, 이는 데이터 활용 또는 AI 실행 과정에서 잠재적 위험 요소를 간과하고 있음을 의미할 수 있다. 따라서 결과는 리더가 자신의 역량을 다차원적으로 분석하고, 우선적으로 보완해야 할 영역을 도출하도록 돕는다.

자가 진단 결과는 다음과 같은 세 가지 수준으로 분류될 수 있다. 첫째, AI력의 대부분 영역에서 높은 수준의 역량을 보유하며, 조직 내 AI 도입과 활용을 성공적으로 주도할 준비가 되어 있는 우수 수준(80~100점). 둘째, AI력의 기본 요소는 갖췄으나 특정 영역에서 추가적인 개선과 학습이 필요한 보통 수준(60~79점). 셋째, AI력의 전반적인 부족이 나타나며 체계적인 학습과 역량 개발이 시급히 요구되는 취약 수준(59점 이하)이다.

자가 진단 결과를 기반으로 한 개선은 리더가 AI력을 강화하기 위한 실질적인 행동 계획을 세우는 단계다. 개선 과정은 약점을 보완하고, 강점을 더욱 강화하는 데 중점을 둔다. AI 이해 향상을 위해 AI 기술과 성공 사례에 대한 학습을 강화한다. 이를 위해 AI 관련 강의, 워크숍, 사례 연구에 참여하며, AI가 조직의 목표와 어떻게 연계될 수 있는지 구체적으로 탐구한다. 예를 들어, "AI를 활용한 데이터 기반 마케팅 전략"과 같은 구체적 사례를 학습할 수 있다. 데이터 분석 역량 강화를 위해 데이터 분석 도구와 기술을 학습하거나 데이터 전문가와 협업한다. 또한, 조직 내 데이터를 효과적으로 관리하고 분석할 수 있는 시스템을 구축한다.

실행력 증대를 위해 AI 파일럿 프로젝트를 기획하고 실행하며, 이를 통해 실행 경험을 축적한다. 예를 들어, 특정 부서에서 AI를 활용한 프로세스 자동화를 시도해 성공 사례를 만든다. 이 과정에서 직원들과의 긴밀한 협력을 통해 AI 도입 저항을 줄이고, 긍정적인 변화를 유도한다. 창의적 문제 해결 능력을 개발하기 위해 AI의 통찰을 바탕으로 새로운 아이디어를 창출하는 연습을 한다. 브레인스토밍 세션을 통해 조직의 문제를 창의적으로 해결하는 방법을 탐구하거나, AI 도구를 활용해 시뮬레이션을 실행해 본다.

윤리적 책임을 강화하기 위해 데이터 프라이버시와 공정성을 유지하기 위한 정책과 프로세스를 수립한다. 예를 들어, 알고리즘의 편향성을 점검하기 위한 정기적인 리뷰 시스템을 도입하고, 윤리적 문제를 사전에 예방하기 위한 가이드라인을 마련한다. 지속적 학습 체계를 구축하기 위해 AI와 관련된 최신 기술과 트렌드를 따라가기 위해 정기적인 학습과 네트워킹에 참여한다. 이를 위해 컨퍼런스 참석, 전문가 초청 세미나, 내부 학습 프로그램을 운영하며 조직의 AI 역량을 전반적으로 강화한다.

AI력 자가 진단은 단순한 평가 도구가 아니라, 리더가 AI 시대의 요구에 부응하기 위해 자신의 위치를 객관적으로 파악하고, 필요한 개선을 실행하는 데 중요한 나침반이다. 진단 결과와 개선 방안을 통해 리더는 조직의 AI 도입과 활용을 성공적으로 주도하며, 변화의 흐름 속에서 경쟁력을 유지할 수 있다. **"AI력 자가 진단은 리더가 자신의 약점을 발견하고, 이를 바탕으로 지속적으로 성장하며 AI 시대의 혁신을 주도하는 첫걸음이다."**

AI력 강화를 위한
단계별 접근 방법

AI 시대에서 기업 리더는 AI력을 통해 조직의 지속 가능한 성장과 혁신을 주도할 수 있다. 그러나 AI력은 단번에 습득되거나 적용될 수 있는 단순한 기술적 역량이 아니다. 이는 지속적이고 체계적인 접근 방식을 통해 발전시키고 조직에 내재화해야 하는 다차원적 역량이다. 리더의 AI력을 강화하기 위해서는 이해, 실행, 확산의 단계적 접근이 필요하다. 이 단계적 접근은 리더가 AI의 핵심 원리를 이해하고, 이를 조직에 적용하며, 조직 전반에 AI 활용 문화를 정착시키는 과정을 포함한다.

AI력 강화를 위한 첫 번째 단계는 AI에 대한 이해와 학습이다. 리더는 AI의 기본 원리와 작동 방식을 숙지하고, AI 기술이 조직에 어떤 기회를 제공할 수 있는지를 명확히 알아야 한다. 이 과정에서는 AI의 기능적 특성과 주요 응용 사례를 학습하며, 이를 비즈니스에 적용할 수 있는 잠재력을 이해하는 데 중점을 둔다. 예를 들어, AI가 데이터를 기반으로 한 예측 모델을 통해 생산성과 효율성을 높일 수 있다는 점을 인식하는 것은 리더의 AI 이해력을 높이는 첫걸음이다. 리더는 다양한 학습 자료와 사례 연구를 통해 AI가 실제로 비즈니스 성과에 어떤 영향을 미쳤는지 확인하고, 이를 조직의 맥락에서 적용할 수 있는 방법을 탐구해야 한다.

두 번째 단계는 데이터 기반 의사결정 역량의 구축이다. AI의 효과적인 활용은 데이터의 품질과 분석 역량에 달려 있다. 리더는 데이터를 기반으로 사고하고, 데이터를 통해 통찰력을 도출하며, 이를 의사결정 과정에 통합하는 능력을 키워야 한다. 이 과정에서는 데이터 수집과 정제, 분석, 그리고 해석의 기본 원칙을 이해하고, 조직 내 데이터 활용을 주도하는 역량을 강화한다. 예를 들어, 리더는 판매 데이터와 고객 데이터를 분석해 매출 저하의 원인을 파악하고, 이를 해결하기 위한 구체적인 전략을 설계할 수 있어야 한다. 이러한 데이터 중심의 사고방식은 리더가 AI 도구를 효과적으로 활용하는 데 필수적이다.

AI력을 강화하기 위한 세 번째 단계는 AI 기술 도입과 파일럿 프로젝트 실행이다. 리더는 AI의 가능성을 실제로 시험하고, 이를 통해 조직에 실질적인 가치를 제공할 수 있는 방안을 모색해야 한다. 이 과정에서는 소규모 파일럿 프로젝트를 통해 AI 기술의 효과를 검증하고, 성공사례를 축적하는 것이 중요하다. 예를 들어, 특정 부서에서 AI를 활용한 업무 자동화 프로젝트를 시도해, 효율성 향상과 비용 절감을 입증할 수 있다. 이러한 파일럿 프로젝트는 조직 내에서 AI 도입에 대한 긍정적인 인식을 확산시키고, AI 기술이 실제로 비즈니스 성과를 개선할 수 있음을 보여준다.

네 번째 단계는 조직 전반에 AI 활용 문화를 조성하는 것이다. AI력이 단순히 리더 개인의 역량에 그치지 않고, 조직 전체로 확산되어야 비로소 실질적인 효과를 발휘할 수 있다. 이를 위해 리더는 조직 내에서 AI 기술에 대한 학습과 활용을 장려하며, AI 기반 의사결정을 조직의 표준 프로세스로 정착시켜야 한다. 이 과정에서는 AI 활용 교육 프로그램을 운영하거나, 직원들이 AI 도구를 실질적으로 사용할 수 있는 기술적 지원을 제공하는 것이 필요하다. 예를 들어, AI 분석 도구 사용법에 대한 워크숍을 개최하고, 팀 간 협업을 촉진하는 AI 플랫폼을 도입함으로써, 조직 전체가 AI 기술을 이해하고 활용할 수 있는 환경을 조성할 수 있다.

AI력 강화를 위한 다섯 번째 단계는 AI 활용 성공 사례를 확산시키고, 조직 내 혁신을 주도하는 것이다. 리더는 AI를 활용한 성공적인 프로젝트와 사례를 조직 전반에 공유하며, 이를 통해 직원들이 AI 기술의 잠재력과 실질적 가치를 실감할 수 있도록 해야 한다. 이러한 성공 사례는 조직 내에서 AI 도입에 대한 신뢰를 강화하고, AI 활용을 확대하는 데 중요한 촉매제가 된다. 예를 들어, AI 기반 예측 분석을 통해 매출을 증가시킨 사례를 조직 내 다양한 부서와 공유함으로써, AI 기술이 다른 분야에서도 유사한 성과를 낼 수 있다는 확신을 제공할 수 있다.

여섯 번째 단계는 지속적인 학습과 역량 강화를 위한 시스템 구축이다. AI와 데이터 기술은 빠르게 발전하고 있으며, 오늘날의 기술과 트렌드는 내일의 환경에서는 적합하지 않을 수 있다. 리더는 조직이 최신 AI 기술과 데이터를 지속적으로 학습하고, 이를 업무에 적용할 수 있는 체계를 구축해야 한다. 이를 위해 AI 관련 내부 교육 프로그램, 외부 전문가 초청 강연, 그리고 최신 기술을 반영한 워크숍 등을 통해 조직의 AI 역량을 지속적으로 발전시킬 수 있어야 한다. 또한, 리더 자신도 AI와 데이터 기술에 대한 최신 동향을 학습하며, 이를 바탕으로 조직의 방향성을 조정하는 능력을 유지해야 한다.

마지막 단계는 AI 활용의 윤리적 책임과 지속 가능성 확보다. AI 활용 과정에서 윤리적 문제와 데이터 보안, 공정성 유지 등은 조직의 신뢰와 평판을 결정짓는 중요한 요소다. 리더는 AI를 조직의 핵심 도구로 활용하는 동시에, 이를 책임감 있고 투명하게 관리할 수 있어야 한다. 예를 들어, AI가 의사결정 과정에서 편향된 결과를 제공하지 않도록 정기적으로 알고리즘을 점검하고, 데이터를 활용할 때 개인 정보 보호 규정을 철저히 준수해야 한다. 이러한 윤리적 책임과 지속 가능성은 AI력이 조직에 긍정적인 영향을 미치고, 장기적인 성과로 이어지게 하는 중요한 요소다.

AI력 강화를 위한 단계적 접근 방법은 리더가 AI를 이해하고, 데이터를 활용하며, 조직 내에서 AI를 도입하고 확산시키는 일련의 체계적인 과정이다. 이해와 학습, 파일럿 프로젝트 실행, 조직 전반의 AI 문화 조성, 성공 사례 확산, 지속적 학습 체계 구축, 윤리적 책임을 포함한 이 모든 단계는 리더가 AI를 통해 조직의 혁신과 성장을 주도하는 데 필요한 핵심 요소다. **"AI력을 단계적으로 강화하는 리더만이 변화의 시대에서 조직을 미래로 이끌 수 있다."**

【AI력 강화 프로세스별 주요 내용과 사례】

프로세스 단계	주요 내용	사례
AI 이해와 학습	AI의 기본 원리와 응용 사례 학습 AI가 조직에 미칠 수 있는 기회와 한계 파악	리더가 AI의 예측 모델 활용 사례를 연구하여, 고객 행동 분석이 매출 증대에 어떻게 기여할 수 있는지 학습
데이터 기반 의사결정 역량 구축	데이터 수집, 정제, 분석의 기본 원리 이해 데이터를 통해 통찰력 도출 및 의사결정 반영	리더가 판매 데이터와 시장 데이터를 분석하여 비효율적인 제품군을 정리하고 인기 있는 제품에 집중하는 전략 수립
AI 기술 도입 및 파일럿 실행	소규모 파일럿 프로젝트를 통해 AI 기술의 효과 검증 조직 내 초기 성공 사례 축적	물류 부서에서 AI를 활용해 재고 관리 효율성을 개선하고 비용을 15% 절감한 파일럿 프로젝트 성공
조직 전반의 AI 문화 조성	AI 활용 교육 프로그램 운영 직원들이 AI 도구를 쉽게 활용할 수 있도록 기술적 지원 제공	AI 분석 도구 사용법 워크숍 개최와 함께 팀 간 협업을 촉진하는 AI 기반 플랫폼 도입
성공 사례 확산과 혁신 주도	AI 활용 성공 사례를 공유하여 조직 내 AI 도입 신뢰도 강화 AI를 활용한 혁신 프로젝트 주도	AI 기반 고객 예측 분석을 통해 신규 시장 진출에 성공한 사례를 전 부서에 공유하여 유사 프로젝트 추진 촉진
지속적 학습과 역량 강화 시스템 구축	최신 AI 기술과 트렌드를 반영한 학습 환경 제공 외부 전문가 초청 강연 및 내부 워크숍 운영	AI 전문가를 초청하여 최신 트렌드와 적용 사례를 공유하고, 내부 직원 대상으로 AI 기술 활용 교육 프로그램 운영
윤리적 책임과 지속 가능성 확보	AI 활용 과정에서의 윤리적 문제와 데이터 보호 강화 알고리즘의 공정성과 투명성 점검	AI가 의사결정 과정에서 편향된 결과를 제공하지 않도록 정기적으로 알고리즘 점검 및 데이터 보호 규정 준수 강화

7장

생성형 AI의 이해와 활용

생성형 AI의 이해와 종류

생성형 AI(Generative AI)는 입력된 데이터를 기반으로 새로운 콘텐츠를 생성하는 인공지능 기술이다. 이 기술은 자연어 처리(NLP), 이미지 생성, 코드 작성, 데이터 분석 등 다양한 분야에서 활용되며, 최근 몇 년간 AI의 가장 주목받는 혁신 중 하나로 자리 잡았다. 생성형 AI는 기존 데이터를 학습해 패턴과 구조를 이해하고 이를 바탕으로 새로운 콘텐츠를 생성하기 때문에, 비즈니스의 창의성, 생산성, 효율성을 극대화할 수 있는 강력한 도구로 평가받고 있다.

생성형 AI의 작동 원리는 주로 딥러닝(Deep Learning) 기술에 기반을 둔다. 특히 대규모 언어 모델(LLM, Large Language Models)은 대량의 텍스트 데이터를 학습하여 언어의 문맥과 구조를 이해하고, 자연스러운 텍스트를 생성하는 데 사용된다. 이러한 모델은 인간이 작성한 것과 구별하기 어려운 수준의 글을 작성하거나, 질문에 대한 답을 제시하며, 복잡한 아이디어를 설명하는 데 유용하다. 생성형 AI의 성공은 기업이 비즈니스 문제를 해결하고 고객 경험을 혁신하는 데 중요한 도구로 자리 잡는 이유가 되고 있다.

현재 가장 널리 사용되는 생성형 AI 서비스는 다음과 같다.

◆ 챗GPT(ChatGPT)

챗GPT는 OpenAI가 개발한 대규모 언어 모델로, 대화형 응답 생성에 특화되어 있다. 이 AI는 텍스트 기반 대화를 통해 사용자의 질문에 답하거나, 특정 주제에 대해 자세한 설명을 제공하며, 창의적인 콘텐츠를 생성할 수 있다. 챗GPT는 비즈니스 고객 지원, 문서 작성, 교육 자료 생성, 코드 리뷰 등 다양한 용도로 활용된다. 예를 들어, 한 글로벌 전자상거래 기업은 챗GPT를 통해 고객 질문에 대한 빠르고 정확한 답변을 제공함으로써 고객 만족도를 크게 향상시켰다.

◆ 구글 제미나이(Google Gemini)

구글의 생성형 AI 플랫폼인 제미나이는 언어 모델과 이미지 생성 기능을 통합한 AI로, 구글 검색과 번역, Gmail, Docs 등의 응용 프로그램에서 활용되고 있다. 제미나이는 멀티모달(Multimodal) 기능을 통해 텍스트, 이미지, 비디오 등 다양한 입력 데이터를 처리할 수 있다. 특히 기업은 제미나이를 활용하여 마케팅 캠페인용 이미지와 카피를 생성하거나, 다국어 문서를 자동으로 번역하는 데 사용하고 있다.

◆ 깃허브 코파일럿(GitHub Copilot)

마이크로소프트와 OpenAI가 공동 개발한 코파일럿은 소프트웨어 개발자들이 코드 작성 속도와 품질을 향상시키는 데 도움을 주는 AI 도구다. 코파일럿은 개발자가 작성 중인 코드의 문맥을 이해하고, 적절한 코드를 제안하거나, 자동 완성 기능을 제공한다. 이는 소규모 스타트업부터 대규모 소프트웨어 기업까지 폭넓게 사용되며, 특히 코드의 반복 작업을 줄이고, 새로운 아이디어를 빠르게 구현하는 데 유용하다.

♦ 클로드(Claude)

앤트로픽(Anthropic)이 개발한 클로드는 챗GPT와 유사한 대화형 AI 서비스로, 윤리적이고 안전한 AI 개발을 목표로 설계되었다. 클로드는 고객 지원, 데이터 분석, 문서 요약 등 다양한 비즈니스 응용 프로그램에서 활용되며, 특히 데이터 프라이버시와 윤리적 문제에 민감한 조직에 적합하다. 클로드는 대화의 투명성과 사용자의 제어권을 중시하는 설계로 차별화된다.

♦ 퍼플렉시티(Perplexity AI)

퍼플렉시티는 질문 답변에 특화된 생성형 AI로, 검색 엔진과 유사한 방식으로 작동하며, 입력된 질문에 대한 신뢰할 수 있는 답변을 빠르게 제공한다. 특히 기업은 퍼플렉시티를 활용해 내부 데이터베이스나 문서에서 필요한 정보를 검색하고, 직원들의 의사결정을 지원하는 데 사용한다. 이 AI는 간결하고 신뢰할 수 있는 정보를 제공하기 때문에 빠른 정보 검색이 중요한 환경에서 유용하다.

♦ 네이버 큐(Naver Q)

네이버의 생성형 AI 서비스인 네이버 큐는 한국어 언어 모델로, 한국어 사용자 경험에 최적화되어 있다. 네이버 큐는 텍스트 생성, 고객 응대, 콘텐츠 기획 등 다양한 영역에서 활용 가능하며, 특히 한국 시장에 특화된 자연어 처리 능력을 제공한다. 예를 들어, 네이버 큐를 활용한 전자상거래 플랫폼은 고객 문의에 대한 자연스러운 답변을 제공하여 쇼핑 경험을 개선할 수 있다.

생성형 AI는 이러한 다양한 서비스 외에도 점점 더 많은 혁신적 기능을 통해 기업의 니즈를 충족시키고 있다. 리더들은 각 서비스의 강점과 한계를 이해하고, 조직의 목적과 요구에 가장 적합한 AI 도구를 선택해야 한다. 예를 들어, 고객 서비스 개선이 목표라면 챗GPT나 클로드와 같은 대화형 AI가 적합하며, 소프트웨어 개발의 생산성을 높이려면 코파일럿과 같은 도구를 도입하는 것이 효과적이다.

생성형 AI는 비즈니스의 창의성과 생산성을 극대화할 수 있는 도구지만, 이를 제대로 활용하려면 데이터 보호, 윤리적 책임, 기술적 신뢰성 등을 고려해야 한다. 리더는 이러한 AI 도구의 잠재력을 최대한 활용하면서도 조직의 목표와 윤리적 기준에 부합하는 방식으로 AI를 도입하고 운영해야 한다. AI 기술은 올바른 리더십 아래에서만 조직의 성과와 지속 가능성을 동시에 달성할 수 있다.

【주요 생성형 AI 서비스 현황】

서비스명	제공사	주요 기능 및 특징
챗GPT	OpenAI	자연어 이해 및 생성, 대화형 질문 응답, 텍스트 작성 및 수정
클로드	Anthropic	윤리적이고 안전한 대화형 AI, 문서 요약, 데이터 분석

구글 제미나이	Google	텍스트, 이미지, 비디오를 포함한 멀티모달 입력 처리, 구글 앱(Gmail, Docs 등)과의 통합
깃허브 코파일럿	GitHub (Microsoft)	코드 자동 생성 및 완성, 문맥 기반 코드 제안, 반복 작업 감소
퍼플렉시티	Perplexity AI	질문 응답에 특화된 AI, 신뢰할 수 있는 정보 제공
네이버 큐	Naver	한국어 언어 모델, 고객 응대, 텍스트 생성
DALL-E	OpenAI	텍스트 입력을 기반으로 이미지 생성
미드저니	Independent	고품질 예술 이미지와 창의적인 비주얼 생성
Runway ML	Runway	비디오 편집 자동화, 텍스트 기반 비디오 생성
Pictory	Pictory.ai	텍스트를 기반으로 한 비디오 요약 및 생성
리플리카	Luka	자연스러운 대화형 음성 생성, 감정 표현이 포함된 음 성 인터페이스
뮤직LM	Google	텍스트를 기반으로 음악 생성

◆ Chat GPT 무료 버전과 유료 버전은 어떤 차이가 있을까?

ChatGPT는 OpenAI가 제공하는 강력한 생성형 AI 플랫폼으로, 무료 버전과 유료 서비스(ChatGPT Plus, My GPT)를 통해 다양한 사용자 요구를 충족시킨다. 두 버전은 기능, 성능, 사용자 경험에서 차이를 보이며, 활용 목적에 따라 선택이 달라질 수 있다.

무료 버전은 주로 개인 사용자와 단순한 텍스트 생성 작업에 적합하다. 이 버전은 ChatGPT-4의 일부 기능을 제한적으로 제공하며, 주로 GPT-3.5 모델로 작동한다. 무료 사용자는 기본적인 질문과 답변, 간단한 정보 제공, 텍스트 생성에 유용한 서비스를 받을 수 있지만, 고부하 시간에는 접근이 제한될 수 있다. 응답 속도도 상대적으로 느리며, 복잡한 작업이나 고급 분석에는 한계가 있다. 플러그인 기능이나 맞춤형 데이터 학습 기능은 무료 버전에서 사용할 수 없다.

반면, **유료 서비스는 ChatGPT Plus와 My GPT를 포함하여 고급 사용
자를 위해 설계되었다.** 유료 사용자는 완전한 기능을 갖춘 GPT-4 모
델을 사용하며, 더욱 빠른 응답 속도와 고품질 결과를 경험할 수 있다.
이 서비스는 트래픽이 많아도 우선 접근 권한을 제공하여 항상 안정적
으로 사용할 수 있다. 또한, My GPT를 통해 특정 도메인에 특화된 커
스터마이징이 가능하고, 사용자 지침을 설정해 맞춤형 결과를 생성할
수 있다. 파일 업로드, 데이터 분석, 플러그인 연동과 같은 고급 기능
도 유료 사용자에게 제공된다.

무료 버전은 학습용이나 간단한 사용에 적합하며, 유료 서비스는 비
즈니스, 전문 작업, 맞춤형 솔루션을 필요로 하는 사용자에게 적합하
다. 따라서 사용자 요구와 예산을 고려해 적절한 버전을 선택하는 것
이 중요하다. 무료 버전은 접근성과 단순성을 제공하지만, 유료 서비스
는 생산성과 맞춤형 기능을 통해 AI의 가치를 극대화한다.

【챗GPT 무료 버전과 유료 버전의 비교】

항목	무료 버전 (ChatGPT-4 Free)	(ChatGPT Plus 및 My GPT)
모델 버전	ChatGPT-4 제한 버전 (대부분 GPT-3.5로 동작)	GPT-4 완전한 기능 버전
응답 속도	느림	더 빠른 응답 속도
사용 가능 시간	제한적 사용 시간 (트래픽이 많을 때 접근 어려움)	항상 사용 가능 (고부하 시간에도 우선 접속 가능)
커스터마이징	없음	My GPT로 커스터마이징 가능 (특화된 도메인 학습, 지침 설정)
플러그인 및 확장 기능	사용 불가	다양한 플러그인 지원 (예: 인터넷 검색, 코드 실행 등)

데이터 학습	실시간 데이터 학습 불가	My GPT로 맞춤형 데이터 학습 및 응답 최적화 가능
파일 업로드 및 분석	제한적 (무료 버전에서는 지원하지 않음)	파일 업로드 및 복잡한 데이터 분석 기능 제공
가격	무료	월 $20 (ChatGPT Plus 기준), 추가 My GPT 기능 포함
응답 품질	복잡한 질문에 대한 제한된 응답	고급 질문 처리 및 복잡한 분석 가능
사용 사례	간단한 텍스트 생성, 일반적인 정보 제공	비즈니스 활용, 맞춤형 답변 제공, 특정 산업 분야에 특화된 기능
지속적 업데이트	GPT 모델의 주요 업데이트 반영 지연	최신 GPT 업데이트 즉시 적용
인터페이스 및 지원	기본 UI, 사용자 지원 서비스 제한적	고급 인터페이스, 우선 사용자 지원 서비스 제공

【챗GPT 유료 버전 가격】

플랜 업그레이드

개인 비즈니스

Plus

$20 USD/월

더 넉넉한 액세스로 생산성과 창의성을 끌어 올리세요

나의 현재 플랜

✓ 모든 것이 무료
✓ 메시지, 파일 업로드, 고급 데이터 분석, 이미지 생성에 한도 증가
✓ 고급 음성 및 영상 입력에 액세스
✓ o1 및 o1-mini에 제한적 액세스
✓ 새 기능 테스트 기회
✓ 프로젝트를 생성, 사용하고 GPT를 맞춤 설정하세요
✓ Sora 영상 생성에 제한적 액세스

Pro

$200 USD/월

최고 수준 액세스로 최고의 OpenAI 경험을

Pro 이용하기

✓ Plus의 모든 기능
✓ o1, o1-mini, GPT-4o, 그리고 고급 음성(오디오만)에 무제한 액세스
✓ 고급 음성에서 영상 및 스크린 공유에 더 많은 한도
✓ 어려운 질문에 최고의 답변을 드리고자 더 많이 계산하는, o1 pro 모드를 이용하세요
✓ Sora 영상 생성에 더 많은 액세스

AI 마인드셋과 AI력(力)으로 리더하라!

생성형 AI의 주요 활용 유형

생성형 AI는 비즈니스와 산업 전반에서 혁신의 중심에 있다. 이 기술은 콘텐츠 제작, 데이터 분석, 맞춤형 사용자 경험 제공 등 다양한 응용 분야에서 활용되며, 기업이 창의성과 효율성을 동시에 달성할 수 있도록 돕는다. 생성형 AI는 텍스트, 이미지, 음성, 비디오 등 다양한 형식의 콘텐츠를 생성하며, 이를 통해 기업은 비용을 절감하고 고객 경험을 혁신하며, 새로운 가치를 창출할 수 있다.

첫 번째 활용 유형은 문서 작성 및 텍스트 생성이다. 생성형 AI는 비즈니스 보고서, 이메일, 마케팅 카피, 제품 설명서 등 다양한 텍스트 콘텐츠를 신속하게 작성할 수 있다. 이는 콘텐츠 제작에 필요한 시간을 크게 단축하고, 직원들이 창의적인 작업에 더 집중할 수 있도록 해준다. 예를 들어, 한 글로벌 마케팅 회사는 생성형 AI를 활용해 광고 캠페인용 카피를 자동으로 생성함으로써 제작 시간을 절반 이상 줄이고, 고객의 요구에 더 신속하게 대응할 수 있었다. 또한 생성형 AI는 텍스트 분석을 통해 고객 피드백을 요약하거나, 시장 트렌드를 파악하는 데도 유용하다.

두 번째로 중요한 활용 유형은 이미지 생성 및 디자인이다. 생성형 AI는 텍스트 입력을 기반으로 고품질의 이미지를 생성하며, 광고, 마케팅, 디자인 작업에서 창의적인 결과물을 만들어낸다. 예를 들어, DALL·E, 미드저니(Midjourney), 스테이블 디퓨전(Stable Diffusion)과 같은 플랫폼은 디지털 아트와 광고 이미지를 자동으로 생성해 디자이너들의 작업 효율성을 높이고, 독창적인 아이디어를 빠르게 시각화하는 데 기여한다. 이는 특히 소규모 기업이나 스타트업에게 유용하며, 제한된 예산으로도 경쟁력 있는 비주얼 콘텐츠를 제작할 수 있는 기회를 제공한다.

세 번째 활용 유형은 고객 서비스와 사용자 경험 강화다. 생성형 AI는 대화형 인터페이스를 통해 고객 지원을 자동화하고, 맞춤형 응답을 제공함으로써 고객 경험을 혁신할 수 있다. 챗GPT와 같은 대화형 AI는 고객의 질문에 신속하고 정확하게 답변하며, 고객 불만을 해결하거나, 주문 상태를 업데이트하는 등의 작업을 처리할 수 있다. 예를 들어, 한 전자상거래 기업은 생성형 AI를 활용한 챗봇을 도입해 고객 지원 업무의 70%를 자동화했으며, 이를 통해 고객 응대 시간을 50% 단축하고 만족도를 크게 향상시켰다.

네 번째 활용 유형은 교육과 훈련이다. 생성형 AI는 맞춤형 교육 콘텐츠를 생성하고, 학생이나 직원들에게 개별화된 학습 경험을 제공할 수 있다. 이는 특히 대규모 조직의 직원 교육이나 전문성을 요구하는 직무 훈련에서 효과적이다. 예를 들어, 한 기술 기업은 생성형 AI를 활용해 직원들에게 기술 교육 과정을 자동으로 맞춤 제공하고, 이를 통해 직원들이 최신 기술을 더 빠르게 습득할 수 있도록 지원했다. AI는 또한 대화형 학습 도우미로 활용되어 학습자의 질문에 실시간으로 답변을 제공하거나, 학습 진도를 분석해 개인 맞춤형 피드백을 제공할 수 있다.

다섯 번째는 코드 생성과 소프트웨어 개발 지원이다. 깃허브 코파일럿 (GitHub Copilot)과 같은 생성형 AI는 개발자들이 코드 작성 시간을 줄이고, 더 나은 품질의 소프트웨어를 생성할 수 있도록 돕는다. 이 기술은 특히 반복적인 코딩 작업을 자동화하고, 개발자들이 더 복잡한 문제에 집중할 수 있도록 지원한다. 예를 들어, 한 스타트업은 AI를 활용해 앱 개발 속도를 40% 단축했으며, 초기 시장 진입 시기를 앞당기는 데 성공했다. 생성형 AI는 또한 코드 리뷰와 디버깅 작업에서도 유용하며, 개발자가 실수를 사전에 발견하고 수정할 수 있도록 지원한다.

여섯 번째로 주목할 활용 유형은 데이터 분석과 보고서 작성이다. 생성형 AI는 대규모 데이터를 분석하고, 이를 기반으로 한 통찰력을 제공하며, 사람이 이해하기 쉬운 형식으로 데이터를 시각화할 수 있다. 기업은 이를 통해 더 나은 의사결정을 내리고, 시장의 변화를 신속하게 파악할 수 있다. 예를 들어, 금융 회사는 AI를 활용해 실시간으로 시장 데이터를 분석하고, 투자 전략을 자동으로 생성하며, 고객에게 맞춤형 재무 보고서를 제공하고 있다. 이는 기업이 더 신속하게 의사결정을 내리고, 경쟁 우위를 확보하는 데 기여한다.

일곱 번째 활용 유형은 창의적 콘텐츠 생성이다. AI는 음악, 동영상,

예술작품과 같은 창의적인 콘텐츠를 자동으로 생성하며, 창작 과정에서 인간의 작업을 보완할 수 있다. 이는 특히 엔터테인먼트 산업에서 큰 잠재력을 가지고 있으며, 영화, 광고, 게임 제작에서 혁신적인 아이디어를 시각화하는 데 유용하다. 예를 들어, 한 영화 제작사는 생성형 AI를 사용해 영화 예고편의 초기 버전을 자동으로 생성함으로써 제작 시간을 크게 단축했다.

마지막으로, 의료와 헬스케어 분야에서의 활용도 점차 확대되고 있다. 생성형 AI는 의료 데이터를 분석하고, 진단 보고서를 자동으로 생성하며, 환자 맞춤형 치료 계획을 제안하는 데 활용된다. 예를 들어, 한 병원은 AI를 사용해 환자의 전자의무기록(EMR)을 분석하고, 질병의 조기 진단을 돕는 데 성공했다. 이는 의료 전문가들이 더 많은 시간을 환자와의 소통에 집중할 수 있도록 지원한다.

생성형 AI는 단순한 기술적 도구를 넘어, 기업의 혁신과 경쟁력을 강화하는 핵심 요소로 자리 잡고 있다. 이를 효과적으로 활용하려면 각 기술의 장단점을 이해하고, 조직의 목표와 요구에 맞는 응용 방안을 도입해야 한다. 리더는 생성형 AI의 다양한 활용 유형을 적극 탐색하고, 이를 조직의 전략적 목표에 연결함으로써 비즈니스 성과를 극대화할 수 있다. **"AI는 미래를 여는 열쇠이며, 이를 올바르게 활용하는 리더만이 지속 가능한 혁신을 이끌어낼 수 있다."**

【생성형 AI 활용 유형과 유의사항】

활용 유형	내용	유의사항
문서 작성 및 텍스트 생성	비즈니스 보고서, 마케팅 카피, 이메일, 제품 설명서 등 텍스트 콘텐츠 생성 및 수정. 텍스트 분석 과 요약을 통해 고객 피드백 분석 및 시장 트렌드 파악	결과물의 정확성과 문맥 적합성 검토 필요. 민감한 정보 생성 시 개인정보 보호 규정 준수
이미지 생성 및 디자인	텍스트 입력을 기반으로 고품질 이미지와 비주얼 생성. 광고, 마케팅, 디자인 작업 지원	이미지 생성 과정에서 저작권 침해 여부 확인 필요 생성된 이미지의 품질과 사용 목적 적합성 점검
고객 서비스 및 사용자 경험 강화	대화형 인터페이스를 통해 고객 응대를 자동화. 맞춤형 응답 제공으로 고객 만족도 향상	대화의 공감 능력 부족 가능성 대비 필요 민감한 고객 데이터 처리 시 보안 강화 필요
교육과 훈련	맞춤형 학습 콘텐츠 생성, 학습자의 질문에 실시간 응답 제공, 개인 화된 학습 경험 지원	콘텐츠 정확성과 적합성 확인 필요 학습 데이터 편향이 없는지 점검
코드 생성 및 소프트웨어 개발	코드 작성, 자동 완성, 반복 작업 자동화 지원. 코드 리뷰와 디버깅 작업에서 실수 감소 및 생산성 향상	생성 코드의 오류 및 보안 취약점 검토 필요 특정 코딩 스타일 준수 여부 확인
데이터 분석 및 보고서 작성	대규모 데이터 분석, 데이터 기반 통찰력 제공, 시각화 및 요약된 보고서 작성	분석 결과의 신뢰성과 데이터 출처 검토 필요 민감 데이터 활용 시 데이터 보호 조치 강화
창의적 콘텐츠 생성	음악, 동영상, 예술작품 등 창작 콘텐츠 자동 생성. 엔터테인먼트, 광고, 게임 제작에서 활용	창작물의 독창성과 저작권 문제 점검 콘텐츠 생성 목적에 적합한 도구 선택 필
의료 및 헬스케어	의료 데이터 분석, 진단 보고서 자동 생성, 환자 맞춤형 치료 계획 제안	의료 데이터의 정확성과 민감성 고려 AI 진단 결과를 의료 전문가의 판단과 보완적으로 활용

프롬프트 엔지니어링과 맞춤형 GPT의 활용

생성형 AI의 핵심은 사용자가 원하는 결과를 얻기 위해 AI와 상호작용하는 방식에 있다. 프롬프트 엔지니어링(Prompt Engineering)은 사용자가 AI에 입력하는 텍스트인 "프롬프트"를 설계하고 최적화하여 더 나은 결과를 도출하는 기술이다. 적절한 프롬프트 설계는 생성형 AI의 효율성을 극대화하며, 이를 통해 조직은 생산성을 높이고, 시간과 비용을 절감할 수 있다. 특히 ChatGPT와 같은 대규모 언어 모델은 프롬프트의 구체성과 명확성에 따라 생성 결과가 크게 달라지기 때문에, 프롬프트 엔지니어링은 생성형 AI 활용의 필수적인 역량으로 떠오르고 있다.

프롬프트 엔지니어링은 단순히 명령을 입력하는 수준을 넘어선다. 이는 AI가 문맥을 이해하고, 사용자의 의도에 맞는 출력을 생성하도록 돕는 과학적이고 체계적인 접근이다. 예를 들어, "고객 만족도를 높이기 위한 전략을 작성해 주세요"라는 단순한 프롬프트보다 "소규모 전자상거래 기업에서 고객 만족도를 높이기 위한 구체적이고 실행 가능한 전략 세 가지를 제시해 주세요"라는 프롬프트는 더 구체적이고 유용한 결과를 제공한다. 이러한 구체성과 명확성은 AI가 불필요한 해석을 줄이고,

더 정확한 답변을 생성하도록 유도한다.

프롬프트 엔지니어링의 첫 번째 단계는 목적과 목표를 명확히 설정하는 것이다. AI에게 요구하는 결과물이 무엇인지, 그리고 이를 통해 달성하려는 비즈니스 목표가 무엇인지 명확히 정의해야 한다. 예를 들어, 마케팅 부서에서 신규 고객을 대상으로 한 이메일 캠페인 아이디어를 생성하려 한다면, 프롬프트에 "신규 고객 유치를 위한 독창적이고 간결한 이메일 캠페인 아이디어를 작성해 주세요"라고 구체적으로 지시해야 한다. 이처럼 AI를 활용하는 목적이 명확할수록 더 유용한 결과를 얻을 수 있다.

다음 단계는 프롬프트의 구조를 최적화하는 것이다. 일반적으로 프롬프트는 명령형 문장, 명확한 조건, 예시 제공의 세 가지 요소로 구성된다. 예를 들어, "20대 여성 고객을 대상으로 한 패션 트렌드 관련 소셜 미디어 게시물을 작성해 주세요. 문장은 2~3개로 구성하고, 해시태그를 포함해 주세요. 예: #패션트렌드, #20대"라는 프롬프트는 AI가 생성해야 할 콘텐츠의 구체적인 틀을 제공하므로, 원하는 결과를 얻는 데 더 효과적이다.

프롬프트 엔지니어링에서 중요한 또 다른 기술은 AI의 응답을 세부적으로 지시하는 것이다. AI는 문맥과 세부 지시를 잘 이해하지만, 입력된 프롬프트가 모호하거나 광범위할 경우 일반적인 답변을 생성할 가능성이 크다. 이를 방지하려면 "리스크 관리 전략에 대해 설명해 주세요"라는 일반적인 요청 대신, "리스크 관리 전략의 정의와 이를 실행하기 위한 주요 단계 세 가지를 제시하고, 각 단계의 예상 결과를 설명해 주세요"와 같이 구체적인 요청을 입력해야 한다.

맞춤형 GPT 활용은 프롬프트 엔지니어링과 밀접하게 연결되어 있다. 기업은 ChatGPT와 같은 대규모 언어 모델을 활용해 특정 도메인에 맞는 맞춤형 솔루션을 구축할 수 있다. **맞춤형 GPT는 특정 비즈니스 요구를 반영하여 데이터를 학습하고, 이를 기반으로 조직에 특화된 결과물을 생성한다.** 예를 들어, 금융 산업에서는 고객 리스크 분석을 위한 맞춤형 GPT를 개발하거나, 의료 분야에서는 환자 기록을 분석하고 맞춤형 진단 보고서를 생성하는 데 활용할 수 있다.

맞춤형 GPT를 효과적으로 활용하려면 도메인 지식을 통합해야 한다. GPT 모델은 일반적인 데이터셋을 기반으로 학습되므로, 특정 산업이나 비즈니스 도메인에 최적화하기 위해 추가적인 데이터를 제공해야 한다. 예를 들어, 법률 회사는 맞춤형 GPT에 법률 판례와 규정을 학습시켜, 법률 문서를 작성하거나 법적 자문을 제공할 수 있다. 이를 통해 일반 GPT 모델보다 훨씬 높은 정확성과 효율성을 얻을 수 있다.

맞춤형 GPT의 성공적인 활용을 위해서는 데이터 품질과 보안이 핵심이다. 학습 데이터의 품질이 낮으면 모델의 출력 결과 역시 신뢰성을 보장할 수 없다. 따라서 기업은 데이터 수집 단계에서 정확하고 일관된 데이터를 사용해야 하며, 개인정보와 기밀 데이터가 포함되지 않도록 철저히 관리해야 한다. 또한, 맞춤형 GPT가 생성한 결과물을 검증하는 프로세스를 마련하여 잘못된 정보가 조직의 의사결정에 영향을 미치지 않도록 해야 한다.

프롬프트 엔지니어링과 맞춤형 GPT 활용은 조직의 전반적인 업무 문화와 전략에 깊이 뿌리내려야 한다. 직원들이 AI를 활용하는 역량을 강화하고, 이를 통해 비즈니스 가치를 창출할 수 있도록 리더가 지원해야 한다. 예를 들어, 정기적인 교육과 워크숍을 통해 직원들에게 프롬프트 설계 방법과 맞춤형 AI 활용 방안을 교육하면, 조직 전체의 AI 활용 능력이 향상된다.

프롬프트 엔지니어링과 맞춤형 GPT 활용은 AI의 잠재력을 최대한 활용하는 핵심 기술이다. 리더는 이를 통해 조직의 경쟁력을 강화하고, 새로운 비즈니스 기회를 창출할 수 있다. **"효과적인 프롬프트 설계와 맞춤형 GPT는 AI 활용의 문을 여는 열쇠다. 올바른 방향으로 이 열쇠를 사용하는 리더만이 AI 시대의 승자가 될 수 있다."**

【최적 프롬프트 규칙과 활용 사례】

항목	설명	예시
목적 명확화	AI의 응답 목적을 분명히 설정하여 기대하는 결과물을 명확히 전달해야 함	"소규모 전자상거래 기업의 고객 만족도 향상을 위한 전략 세 가지를 작성해 주세요."
구체적 지시	구체적인 세부 조건과 요구 사항을 포함하여 AI가 모호한 응답을 하지 않도록 유도	"문장은 3개 이하로 작성하고, 숫자로 정리해 주세요."
문맥 제공	AI가 문맥을 잘 이해할 수 있도록 필요한 배경 정보나 조건을 프롬프트에 포함	"20대 여성을 대상으로 하는 패션 트렌드 관련 소셜 미디어 게시물 문구를 작성해 주세요."

예시 포함	원하는 출력 형식이나 스타일에 대한 예시를 제공해 AI가 생성 방향을 정확히 이해하도록 도움	"문구 예시: '지금 바로 클릭하세요!', 해시태그 예: #패션트렌드 #20대"
명령문 사용	지시사항은 명확하고 단순한 명령 형태로 작성하여 AI가 요구 사항을 쉽게 파악할 수 있도록 설계	"다음 조건을 충족하는 보고서를 작성해 주세요: 1) 요약 포함, 2) 데이터 시각화, 3) 1,000자 이내로 작성"
적절한 길이 유지	프롬프트가 지나치게 길거나 짧지 않도록 작성하여 AI가 핵심 내용을 잘 이해할 수 있도록 균형을 유지	"5가지 예를 들어 소기업이 AI를 활용해 비용을 절감하는 방법을 설명해 주세요."
단계별 요청	복잡한 작업은 여러 단계로 나누어 요청하여 AI가 하나씩 순차적으로 처리할 수 있도록 도움	"먼저 데이터 분석 전략을 제안하고, 다음 단계로 분석 도구 목록을 작성해 주세요."
객관적 요청	AI가 편향되거나 주관적인 응답을 하지 않도록, 객관적이고 사실에 기반한 답변을 요구	"다양한 관점에서 소규모 제조업체의 AI 도입 장단점을 기술해 주세요."
피드백 기반 수정	첫 결과물을 검토한 후 원하는 방향으로 결과를 조정할 수 있도록 피드백을 활용해 프롬프트를 수정	"이전에 생성된 전략을 개선하여 더 구체적인 실행 계획을 추가해 주세요."
언어와 톤 지정	AI의 응답이 목표에 맞는 어조나 형식으로 제공되도록 프롬프트에 명확히 요청	"친근하고 대화체로 작성해 주세요. 예: '여러분, 이 방법을 통해 비용을 절감할 수 있습니다!'"
출력 형식 요청	응답 결과를 원하는 형식으로 지정하여 제공받을 수 있도록 요구	"표 형식으로 작성해 주세요. 첫 번째 열은 주요 활동, 두 번째 열은 설명을 포함해 주세요."
부적합 내용 배제	AI가 생성하지 않아야 할 내용이나 방향을 사전에 명시	"금지어: '부정적', '비윤리적' 등. 긍정적인 사례만 포함해 주세요."
제한 조건 설정	AI가 생성할 콘텐츠에 대한 구체적인 제한 조건을 설정하여 명확한 범위를 제공	"응답 길이는 200자 이내로 제한해 주세요."

맞춤형 GPT(My GPT) 최적 활용 실전

맞춤형 GPT는 조직의 고유한 요구와 환경에 맞게 대규모 언어 모델 (LLM)을 커스터마이즈하여 사용하는 방식이다. 이러한 모델은 일반적으로 사전 학습된 데이터를 기반으로 작동하지만, 맞춤형 GPT는 특정 도메인이나 비즈니스 목적에 맞게 추가 데이터와 지침을 활용하여 더욱 특화된 결과를 제공한다. My GPT를 최적 활용하려면, 기술적 이해와 전략적 접근이 결합된 체계적인 프로세스를 구축해야 한다.

맞춤형 GPT 활용의 첫 단계는 목표와 사용 사례를 명확히 정의하는 것이다. GPT를 도입하려는 목적이 모호하면 활용 범위가 지나치게 광범위해져 효과가 떨어질 수 있다. 따라서 조직이 직면한 구체적인 문제를 식별하고, 이를 해결하기 위해 GPT가 어떤 역할을 해야 하는지를 명확히 해야 한다. 예를 들어, 고객 서비스 개선이 목표라면 GPT를 고객 질문에 자동으로 응답하는 도구로 활용할 수 있다. 반면, 내부 보고서 작성 지원이 필요하다면 GPT를 특정 형식에 맞춘 문서 생성기로 사용할 수 있다.

【챗GPT의 My GPT 화면 이미지】

자료 : 챗GPT

AI 마인드셋과 AI력(力)으로 리더하라!

목표를 정의한 후에는 지침 설계가 필요하다. 지침은 GPT가 조직의 요구에 맞는 답변을 생성하도록 유도하는 중요한 도구다. 지침은 명확하고 구체적이어야 하며, GPT의 응답 스타일, 톤, 내용의 범위를 정의해야 한다. 예를 들어, 마케팅용 콘텐츠를 생성할 경우, 지침에 "친근하고 대화형 톤으로 작성하며, 간결하고 설득력 있는 문장을 사용"하도록 명시할 수 있다. 이처럼 지침이 명확하면 GPT가 더 적합한 결과를 생성할 가능성이 높아진다.

다음 단계는 데이터를 활용한 학습이다. 맞춤형 GPT는 추가 학습을 통해 조직의 특화된 데이터와 맥락을 이해할 수 있다. 이를 위해서는 고품질 데이터가 필요하다. 데이터 품질이 낮거나 불일치하면 모델의 출력 결과가 왜곡될 수 있으므로, 데이터를 정제하고 일관성을 유지하는 것이 중요하다. 예를 들어, 의료 기관은 환자 기록이나 임상 보고서를 GPT에 학습시켜 진단 보고서 작성이나 환자 질문 응답을 자동화할 수 있다.

데이터 활용 시 중요한 점은 개인정보와 기밀 유지다. 학습 데이터에는 민감한 정보가 포함될 수 있으므로, 데이터 보호 정책을 준수하고 적절한 보안 조치를 취해야 한다. 데이터를 익명화하거나 비식별화하여 모델 학습에 사용하는 것이 일반적이며, 데이터 접근 권한을 제한하여 보안을 강화할 필요가 있다.

맞춤형 GPT의 성능을 극대화하기 위해 피드백 루프를 설계해야 한다. 피드백 루프란 GPT가 생성한 결과물을 검토하고 개선 사항을 반영하는 과정이다. 예를 들어, 고객 응대 자동화를 위해 GPT를 도입한 경우, 고객 응답의 품질을 주기적으로 평가하고 필요한 경우 지침이나 데이터셋을 수정하여 성능을 개선해야 한다. 이는 GPT가 점점 더 정확하고 유용한 결과를 제공할 수 있도록 도와준다.

맞춤형 GPT는 비즈니스 전반에 걸쳐 통합된 방식으로 활용될 때 가장 큰 가치를 발휘한다. 이를 위해 다양한 부서와의 협업이 필수적이다. 예를 들어, 마케팅 부서는 GPT를 활용해 광고 문구나 소셜 미디어 콘텐츠를 생성할 수 있으며, 인사 부서는 채용 공고나 직무 설명서를 작성하는 데 활용할 수 있다. 이와 함께, IT 부서는 GPT의 기술적 구현과 운영을 지원하고, 데이터 분석 부서는 GPT가 생성한 결과를 평가하고 개선점을 제안할 수 있다.

맞춤형 GPT를 도입할 때는 성과 측정 기준을 설정해야 한다. 이는 GPT 활용의 효과를 평가하고, 투자 대비 수익(ROI)을 계산하는 데 중요하다. 예를 들어, 고객 서비스 응답 시간 단축, 마케팅 캠페인 전환율 증가, 내부 보고서 작성 시간 감소 등 구체적인 지표를 통해 GPT의 성과를 측정할 수 있다. 이를 통해 도입 초기 단계에서부터 명확한 목표를 설정하고, 목표 달성을 위한 전략을 조정할 수 있다.

또한, **맞춤형 GPT는 지속적인 관리와 업데이트가 필요하다.** AI 기술과 비즈니스 환경은 빠르게 변화하므로, GPT 모델 역시 새로운 데이터와 요구 사항에 맞게 지속적으로 업데이트해야 한다. 예를 들어, 법률 회사는 법률 규정이 변경될 때마다 GPT에 최신 규정을 학습시켜야 한다. 이를 통해 GPT가 항상 정확하고 유용한 결과를 제공할 수 있도록 유지할 수 있다.

　마지막으로, GPT 활용에 있어 가장 중요한 요소는 조직의 AI 활용 문화 조성이다. GPT는 단순한 도구가 아니라, 조직의 업무 방식을 근본적으로 변화시킬 수 있는 혁신적인 기술이다. 이를 위해 리더는 직원들이 GPT를 이해하고 활용할 수 있도록 교육하고, GPT가 조직 내에서 자연스럽게 사용될 수 있는 환경을 조성해야 한다. 예를 들어, 정기적인 워크숍이나 교육 세션을 통해 직원들에게 GPT 사용 방법과 효과적인 프롬프트 작성 기술을 가르칠 수 있다.

　맞춤형 GPT는 조직의 특정 요구를 충족하고 경쟁력을 강화하는 데 강력한 도구가 될 수 있다. 이를 성공적으로 활용하기 위해서는 명확한 목표 설정, 데이터 품질 관리, 지속적인 성능 개선, 조직 차원의 통합 활용이 필요하다.

【챗GPT의 My GPT 지침 최적 작성 방안】

항목	설명	최적화 방안
지침 목적 명확화	My GPT 지침의 핵심 목표를 설정하여 AI의 역할과 범위를 명확히 규정	지침에 따라 생성할 콘텐츠의 유형, 톤, 길이 등을 구체적으로 정의
구체적이고 간결한 작성	지침이 명확하고 간결해야 AI가 해석하기 쉽고 일관되게 응답	"결론은 간결하게, 중간 요약 포함" 등 간단한 문장으로 지침 작성
사용자 맥락 제공	AI가 답변의 배경을 이해할 수 있도록 사용자 맥락과 필요한 정보 제공	"사용자는 초보자이므로 기본 개념부터 설명"

예시 포함	원하는 답변 형식이나 스타일을 설명하는 구체적인 예시 제공	"예: 'AI는 2023년 10월 최신 트렌드를 따라가야 한다.' 형식으로 작성"
언어와 톤 지정	특정 톤(예: 공식적, 친근한)과 언어 스타일(간결, 상세 등)을 설정	"명확하고 전문적인 어조로 작성"
응답 형식 요청	AI가 제공할 응답의 형식(표, 리스트, 문단 등)을 사전에 정의	"표 형식으로, 첫 번째 열에 항목, 두 번째 열에 설명"
금지 및 피해야 할 사항 명시	AI가 피해야 할 내용, 금지어, 부적절한 방식 등을 명확히 기재	"부정적 어휘 사용 금지. 예: '불가능하다' 대신 '어려움이 예상된다' 사용"
피드백 기반 개선	AI 출력에 대한 사용자 피드백을 바탕으로 지침을 지속적으로 수정 및 업데이트	"최신 피드백 반영 후 지침에 추가. 예: '고급 사용자 대상 설명 추가 필요'"
지침 적용 우선순위 설정	여러 지침이 충돌할 경우, 적용 우선순위를 정하여 AI의 일관된 판단을 지원	"기본적으로 간결성을 우선하되, 필요 시 세부 정보를 추가"
사용 사례 중심 설정	AI가 주로 다룰 사용 사례를 중심으로 지침 작성	"교육 콘텐츠 제작, 비즈니스 보고서 작성, 기술 지원 등의 사례를 중점으로 설정"
업데이트 및 유지 관리	새로운 요구사항과 기술 발전에 맞추어 지침을 주기적으로 업데이트	"매월 한 번 지침 검토 및 최신화. 사용 사례 확대 시 새로운 항목 추가"
테스트 및 검증	작성된 지침의 효과를 테스트하고 필요 시 수정	"AI의 테스트 출력 검토 후, 불필요한 내용 제거 및 수정 요청 반영"

8장

작은 기업을 위한 생성형 AI 활용

적은 예산으로 AI를 도입하는 방법

생성형 AI(Generative AI)는 작은 기업에 혁신적인 기회를 제공한다. 과거 대규모 투자와 전문 기술을 필요로 했던 AI 기술이 이제는 접근성과 경제성을 갖추어 작은 기업들도 활용할 수 있는 도구로 자리 잡았다. 생성형 AI는 텍스트 생성, 이미지 제작, 데이터 분석, 고객 맞춤형 콘텐츠 제작 등 다양한 분야에서 실질적이고 즉각적인 효과를 발휘할 수 있다. 이러한 가능성에도 불구하고, 작은 기업은 한정된 자원으로 인해 AI 도입에 신중해야 한다. 저비용 고효율이라는 명확한 목표를 설정하고, 효과적인 접근 방향을 수립하는 것이 성공적인 AI 활용의 열쇠다.

첫 번째로, 작은 기업은 명확한 목적 설정으로 시작해야 한다. AI 도입이 단순히 최신 기술을 채택하는 데 그쳐서는 안 된다. 생성형 AI는 구체적이고 측정 가능한 목표를 설정할 때 가장 효과적이다. 예를 들어, 고객 서비스 자동화를 통해 응답 시간을 단축하거나, 마케팅 콘텐츠를 생성해 시간과 비용을 절감하는 것과 같은 실질적인 목표가 설정되어야 한다. 명확한 목적이 없으면, AI 도입 과정에서 자원 낭비와 기대치 미달의 결과를 초래할 수 있다.

두 번째로, 구독형 AI 솔루션을 활용하는 것이 작은 기업에 적합하다. 대규모 AI 시스템 구축은 초기 투자 비용이 높고 유지보수가 복잡하다. 반면, 클라우드 기반의 구독형 생성형 AI 서비스는 경제적이며, 사용한 만큼 비용을 지불하는 모델이므로 작은 기업의 예산에 부담을 줄일 수 있다. 예를 들어, ChatGPT, Jasper AI, Canva AI와 같은 서비스는 작은 기업이 적은 비용으로 고품질의 콘텐츠를 제작하거나, 고객과의 상호작용을 자동화하는 데 유용하다.

세 번째로, 업무 자동화와 효율성 증대에 초점을 맞춰야 한다. 작은 기업은 반복적이고 시간이 많이 소요되는 작업을 자동화함으로써 운영 효율성을 극대화할 수 있다. 생성형 AI는 이메일 작성, 데이터 정리, 간단한 보고서 생성, 고객 응답 자동화 등 다양한 작업을 지원할 수 있다. 예를 들어, 고객 서비스 부서에서 생성형 AI 챗봇을 활용하면 24시간 응답 체계를 구축할 수 있고, 단순한 문의는 자동으로 처리되므로 직원들은 더 복잡한 문제 해결에 집중할 수 있다. 이는 인건비 절감과 동시에 서비스 품질 향상이라는 두 가지 이점을 제공한다.

네 번째로, 개인화된 고객 경험 제공을 목표로 삼아야 한다. 생성형 AI는 고객 데이터를 분석하여 개인화된 콘텐츠와 서비스를 제공하는 데 강점을 가진다. 작은 기업은 이를 활용해 대규모 기업과 차별화된 고객 경험을 제공할 수 있다. 예를 들어, 생성형 AI를 통해 개별 고객의 구매 이력을 분석하고, 이를 기반으로 맞춤형 이메일 캠페인이나 제품 추천을 생성할 수 있다. 이러한 접근은 고객의 만족도와 충성도를 높이며, 재구매율을 향상시키는 데 기여한다.

다섯 번째로, 효율적인 콘텐츠 제작에 활용해야 한다. 콘텐츠 마케팅은 작은 기업이 브랜드를 알리고 고객과 소통하는 데 중요한 역할을 하지만, 많은 시간과 비용이 소요된다. 생성형 AI는 블로그 글, 소셜 미디어 게시물, 광고 카피 등 다양한 콘텐츠를 신속하게 제작할 수 있다. 예를 들어, Jasper AI를 활용하면 마케팅 팀 없이도 매력적인 블로그 콘텐츠를 빠르게 작성할 수 있다. 이는 마케팅 비용을 절감하는 동시에 시장에 대한 지속적인 메시지 발신을 가능하게 한다.

여섯 번째로, 데이터 분석을 통해 전략적 의사결정을 지원해야 한다. 작은 기업은 제한된 데이터를 최대한 활용해 전략적 결정을 내려야 한다. 생성형 AI는 데이터를 시각화하거나, 통찰력 있는 요약을 제공함으로써 비즈니스 리더가 더 나은 결정을 내릴 수 있도록 돕는다. 예를 들어, AI를 통해 판매 데이터를 분석하고, 특정 제품군의 성과를 빠르게 평가할 수 있다. 이러한 데이터 기반의 의사결정은 자원의 효율적인 배분과 시장 기회 포착을 가능하게 한다.

일곱 번째로, 직원 생산성 향상을 위한 도구로 활용할 수 있다. 생성형 AI는 단순히 업무를 자동화하는 것을 넘어, 직원들이 더 창의적이고 중요한 업무에 집중할 수 있도록 돕는다. 예를 들어, 보고서 초안을 작성하거나, 프레젠테이션 자료를 생성하는 데 필요한 시간을 줄여줌으로써 직원들이 더 중요한 전략적 과업에 집중할 수 있게 한다. 이는 직원 만족도를 높이고 조직의 전체적인 생산성을 향상시킨다.

여덟 번째로, 테스트와 확장을 위한 점진적 접근을 고려해야 한다. 작은 기업은 한 번에 대규모 AI 도입을 시도하기보다, 작은 규모의 파일럿 프로젝트를 통해 생성형 AI의 효과를 검증하고 점진적으로 확대하는 전략을 취해야 한다. 예를 들어, 특정 부서에서 AI를 활용한 작업 효율화를 시도한 뒤, 성공적으로 검증되면 이를 조직 전체로 확대 적용하는 방식이다. 이는 도입 리스크를 최소화하고, 성공 가능성을 높이는 데 효과적이다.

　아홉 번째로, 윤리적 AI 활용과 데이터 보호를 고려해야 한다. 작은 기업도 AI 활용 과정에서 데이터 윤리와 보안 문제를 간과해서는 안 된다. 고객의 데이터를 안전하게 관리하고, AI가 생성하는 결과가 편향되지 않도록 지속적으로 점검해야 한다. 예를 들어, 생성형 AI를 활용해 마케팅 콘텐츠를 생성할 때, 고객 데이터를 동의 없이 사용하는 일이 없도록 데이터 활용 정책을 철저히 준수해야 한다.

　작은 기업이 생성형 AI를 저비용 고효율로 활용하려면 명확한 목적을 설정하고, 적합한 솔루션을 선택하며, 점진적으로 AI를 도입하는 전략적 접근이 필요하다. 생성형 AI의 잠재력을 활용하면 작은 기업도 대규모 기업과 경쟁할 수 있는 강력한 도구를 확보할 수 있다. **"AI는 자원의 크기가 아닌 활용 능력에서 경쟁력을 결정짓는다. 작은 기업도 AI를 통해 큰 혁신을 이룰 수 있다."**

작은 기업에서의 생성형 AI 최적 활용

생성형 AI(Generative AI)는 작은 기업이 자원의 한계를 극복하고 경쟁력을 확보할 수 있는 혁신적인 도구다. 과거에는 대규모 투자와 전문지식이 필요한 AI 기술이 이제는 사용이 간편하고 경제적인 형태로 제공되고 있다. 작은 기업이 생성형 AI를 최적으로 활용하려면, 명확한 목표 설정과 전략적 접근을 통해 이점을 극대화할 필요가 있다. 이를 기반으로 창의적이고 효율적인 비즈니스 운영을 실현할 수 있다.

작은 기업에서 생성형 AI를 최적으로 활용하려면 명확한 우선순위와 비즈니스 목표를 설정해야 한다. AI 도입이 단순히 기술을 사용하는 것이 아니라, 실제 비즈니스 문제를 해결하고 성과를 향상시키는 데 목적을 둬야 한다. 예를 들어, 반복적이고 시간 소모적인 작업을 줄이거나, 고객 경험을 개인화하여 충성도를 높이는 구체적인 목표를 설정해야 한다. 이러한 명확한 방향성이 없으면 AI 기술의 도입이 기대 이하의 결과를 낳거나 자원의 낭비로 이어질 수 있다.

생성형 AI를 최적화하는 첫 번째 방법은 효율적인 콘텐츠 생성에 활용하는 것이다. 작은 기업은 마케팅 콘텐츠 제작에 많은 시간과 비용을 소모하지만, 생성형 AI를 활용하면 간단하고 신속하게 고품질의 콘텐츠를 생산할 수 있다. 예를 들어, 블로그 게시물, 소셜 미디어 광고 카피, 이메일 뉴스레터 등을 생성형 AI로 작성하면 마케팅 캠페인의 속도와 품질을 동시에 향상시킬 수 있다. Canva AI와 같은 도구는 기업이 전문 마케팅 팀 없이도 매력적인 콘텐츠를 제작할 수 있도록 지원한다. 이로 인해 절감된 리소스를 핵심 업무에 재투자할 수 있다.

두 번째로 중요한 활용 방안은 고객 서비스 자동화다. 작은 기업은 제한된 인력으로 고객 응대를 효율적으로 처리해야 하는 과제를 안고 있다. 생성형 AI는 챗봇과 같은 형태로 24시간 고객 서비스를 제공하며, 단순한 질문에 자동으로 응답하고 복잡한 요청은 담당자에게 전달한다. 이는 고객 응답 시간을 줄이고, 고객 만족도를 높이는 동시에 인건비를 절감할 수 있는 방법이다. 예를 들어, OpenAI의 GPT 기반 챗봇은 고객 문의를 실시간으로 처리하고, 상세한 안내를 제공하는 데 탁월하다.

개인화된 고객 경험 제공도 생성형 AI 활용의 중요한 분야다. AI는 고객 데이터를 분석하여 개별화된 서비스를 제공하는 데 강점을 가진다. 작은 기업은 이를 통해 대기업과 차별화된 맞춤형 경험을 제공할 수 있다. 예를 들어, 고객의 과거 구매 이력을 분석해 관련 제품을 추천하거나, 개인화된 이메일 캠페인을 실행하는 데 생성형 AI를 활용할 수 있다. 이러한 접근은 고객의 충성도를 높이고 재구매율을 증가시키는 데 효과적이다.

또 다른 최적 활용 방안은 데이터 분석을 통한 통찰력 도출이다. 작은 기업은 방대한 데이터를 다룰 필요는 없지만, 적은 데이터로도 효율적인 전략을 수립해야 한다. 생성형 AI는 데이터를 요약하거나 시각화하여 빠르게 인사이트를 제공한다. 예를 들어, 판매 데이터를 분석해 특정 시간대나 계절에 성과가 높은 제품을 파악하고, 이에 따라 프로모션 계획을 조정할 수 있다. 이는 자원을 효율적으로 배분하고, 비즈니스 결정을 더욱 과학적으로 만들 수 있게 한다.

반복 업무 자동화는 생성형 AI가 작은 기업에서 제공할 수 있는 또 다른 이점이다. 반복적이고 시간이 많이 드는 작업을 AI로 대체하면 직원들은 보다 창의적이고 전략적인 작업에 집중할 수 있다. 예를 들어, 인보이스 작성, 데이터 입력, 간단한 보고서 작성과 같은 작업을 생성형 AI로 처리하면 생산성을 대폭 향상시킬 수 있다. 이는 조직 전체의 효율성을 높이고, 인건비 절감으로 이어진다.

생성형 AI의 성공적인 활용을 위해서는 직원 교육과 훈련이 필수적이다. 작은 기업의 직원들은 생성형 AI 기술에 대한 깊은 전문 지식을 갖출 필요는 없지만, 도구를 효과적으로 사용하는 방법은 이해해야 한다. 예를 들어, 콘텐츠 생성 도구나 데이터 분석 플랫폼의 기본 사용법을 학습하는 워크숍을 제공하면 직원들이 AI를 더욱 능숙하게 활용할 수 있다. 이는 기술 활용도를 높이고, 조직 전체의 역량을 강화하는 데 기여한다.

생성형 AI 활용의 또 다른 중요한 측면은 파일럿 프로젝트 실행을 통한

효과 검증이다. 작은 기업은 한 번에 대규모 AI 시스템을 도입하기보다, 특정 부서나 업무에 소규모로 적용하여 효과를 검증하는 접근을 취할 수 있다. 예를 들어, 마케팅 부서에서 생성형 AI를 활용해 소셜 미디어 콘텐츠를 제작하고, 성과를 분석해 이를 확장 여부를 결정하는 방식이다. 이러한 단계적 접근은 도입 위험을 줄이고, 성공 가능성을 높이는 데 효과적이다.

 마지막으로, 윤리적 책임과 데이터 보호도 작은 기업이 생성형 AI를 최적화하기 위해 고려해야 할 중요한 요소다. 고객 데이터는 매우 민감한 자산이므로 이를 안전하게 관리하고, AI 활용 과정에서 데이터 프라이버시를 철저히 준수해야 한다. 예를 들어, 고객 동의 없이 데이터를 활용하거나, 생성된 콘텐츠가 편향되거나 부적절한 정보를 포함하지 않도록 정기적으로 점검해야 한다. 이는 조직의 신뢰를 유지하고, 장기적인 비즈니스 성공을 보장하는 데 필수적이다.

 작은 기업은 생성형 AI를 통해 제한된 자원을 극복하고 비즈니스 성과를 극대화할 수 있다. 이를 위해 콘텐츠 생성, 고객 서비스 자동화, 데이터 분석, 반복 업무 자동화와 같은 분야에서 AI를 전략적으로 활용해야 한다. 또한, 직원 교육과 파일럿 프로젝트를 통해 효과를 검증하고, 윤리적 책임을 고려한 신중한 접근이 필요하다. **"생성형 AI는 작은 기업의 제약을 기회로 바꾸는 열쇠이며, 이를 최적으로 활용하는 리더만이 지속 가능한 성장을 이룰 수 있다."**

생성형 AI 기반 고객 분석과 마케팅 자동화

생성형 AI(Generative AI)는 고객 데이터를 효과적으로 분석하고, 이를 바탕으로 개인화된 마케팅 전략을 자동화하는 강력한 도구다. 특히 작은 기업에서는 제한된 인적·재정적 자원으로 인해 대규모 데이터 분석과 마케팅 캠페인을 실행하기 어려운 경우가 많다. 생성형 AI는 이러한 제약을 극복하고, 고객의 행동을 예측하며, 적절한 마케팅 콘텐츠를 신속히 제작·배포할 수 있는 혁신적인 솔루션을 제공한다. 이를 통해 작은 기업도 대기업과 경쟁할 수 있는 차별화된 고객 경험과 마케팅 효율성을 확보할 수 있다.

생성형 AI를 활용한 고객 분석은 데이터의 패턴을 파악하고, 이를 통해 고객의 행동과 선호도를 예측하는 데 중점을 둔다. AI는 고객 구매 이력, 웹사이트 방문 기록, 소셜 미디어 활동, 설문 응답 등 다양한 데이터를 분석해 고객의 니즈를 보다 명확히 이해할 수 있도록 돕는다. 예를 들어, AI는 특정 고객이 반복적으로 구매하는 제품군과 소비 패턴을 분석해, 해당 고객이 다음에 필요로 할 제품을 예측할 수 있다. 이러한 데이터 기반 인사이트는 개인화된 마케팅 캠페인을 설계하는 데

AI 마인드셋과 AI력(力)으로 리더하라!

중요한 기초를 제공한다.

고객 분석에 AI를 효과적으로 활용하려면, 데이터 품질이 핵심이다. 작은 기업은 고객 데이터를 수집하고 관리할 때, 정확성과 일관성을 유지해야 한다. AI가 정확한 분석 결과를 도출하려면 입력 데이터가 신뢰할 수 있어야 하며, 이를 위해 데이터 정제(cleaning)와 통합(integration) 과정을 체계적으로 관리해야 한다. 예를 들어, 전자상거래 기업의 경우, 고객의 주문 기록과 검색 기록을 하나의 데이터베이스로 통합해 AI가 쉽게 분석할 수 있는 환경을 구축해야 한다.

생성형 AI는 고객 세분화를 통해 마케팅 전략을 자동화하는 데 강력한 도구로 활용될 수 있다. AI는 고객 데이터를 기반으로 구매 빈도, 평균 지출 금액, 선호 카테고리 등 다양한 기준에 따라 고객을 세분화한다. 이를 통해 마케팅 메시지를 특정 그룹의 니즈에 맞게 조정할 수 있다. 예를 들어, 신규 고객에게는 할인 쿠폰을 제공하고, 재구매 고객에게는 로열티 프로그램을 제안하는 방식으로 개인화된 마케팅을 실행할 수 있다. 이러한 접근은 고객의 참여도와 만족도를 높이고, 브랜드 충성도를 강화하는 데 기여한다.

생성형 AI는 마케팅 콘텐츠 제작에서도 혁신적인 변화를 가져온다. 텍스트 생성 도구를 활용하면 소셜 미디어 게시물, 이메일 캠페인, 광고 카피 등을 신속하게 제작할 수 있다. 예를 들어, AI는 고객 세분화 결과를 바탕으로 특정 고객군에 적합한 이메일 제목과 본문을 작성할 수 있다. AI는 다양한 콘텐츠 스타일과 톤을 선택할 수 있어, 특정 고객의 감정에 더 잘 반응하는 메시지를 설계할 수 있다. 이는 고객의 관심을 끌고, 전환율을 높이는 데 큰 도움이 된다.

자동화는 생성형 AI를 활용한 마케팅의 또 다른 핵심 장점이다. AI는 마케팅 캠페인의 설계, 실행, 성과 분석까지 모든 단계를 자동으로 처리할 수 있다. 예를 들어, AI는 고객 데이터 분석을 통해 특정 타겟 그룹을 식별하고, 이들에게 맞춤형 이메일을 발송하며, 캠페인 성과 데이터를 수집해 실시간으로 분석할 수 있다. 이러한 자동화는 시간과 비용을 절감할 뿐 아니라, 캠페인의 속도와 정확성을 높인다.

생성형 AI는 또한 실시간 데이터 분석을 통해 마케팅 전략을 동적으로 조정할 수 있다. 예를 들어, AI는 소셜 미디어에서 특정 캠페인의 반응을 모니터링하고, 실시간으로 결과를 분석해 메시지를 조정할 수 있다. 특정 제품 광고가 예상보다 낮은 클릭률을 기록하는 경우, AI는 이를 인식하고, 새로운 광고 카피나 이미지를 생성해 즉시 대체할 수 있다. 이러한 민첩성은 경쟁이 치열한 시장에서 큰 차이를 만들어낼 수 있다.

작은 기업은 생성형 AI를 활용해 고객과의 관계를 더욱 강화할 수 있다. 예를 들어, AI 기반 챗봇은 고객과의 상호작용을 개인화하고, 고객의 질문에 신속히 응답하며, 주문 상태나 제품 추천과 같은 맞춤형 정보를 제공할 수 있다. 이는 고객 경험을 크게 개선하며, 고객이 기업에 대해 더 긍정적인 이미지를 갖게 한다.

마케팅 자동화를 위한 생성형 AI 활용에서 중요한 요소는 윤리적 데이터 사용이다. 작은 기업은 고객 데이터를 처리할 때 개인정보 보호와 관련된 규정을 준수해야 한다. AI가 고객 데이터를 분석할 때, 데이터 활용의 투명성을 유지하고, 고객이 자신의 데이터가 어떻게 사용되는지 알 수 있도록 해야 한다. 이는 기업의 신뢰를 유지하고, 고객과의 장기적인 관계를 강화하는 데 필수적이다.

마지막으로, 생성형 AI를 활용한 고객 분석과 마케팅 자동화는 파일럿 프로젝트를 통해 점진적으로 도입하는 것이 효과적이다. 작은 기업은 소규모 캠페인에서 AI를 테스트하고, 이를 통해 도출된 결과를 바탕으로 적용 범위를 확대할 수 있다. 예를 들어, 특정 제품군에 한정된 캠페인을 실행하고, AI가 생성한 콘텐츠와 자동화된 프로세스가 매출과 고객 반응에 어떤 영향을 미치는지 평가한 뒤, 이를 전사적으로 확대 적용할 수 있다.

생성형 AI는 작은 기업이 고객 분석과 마케팅을 혁신적으로 변화시키는 강력한 도구다. 고객 데이터를 활용해 개인화된 경험을 제공하고, 마케팅 프로세스를 자동화하며, 콘텐츠 제작과 캠페인 실행의 효율성을 극대화할 수 있다. 이를 통해 작은 기업도 제한된 자원으로 대기업과 경쟁할 수 있는 강력한 경쟁력을 갖출 수 있다. **"생성형 AI는 작은 기업이 고객의 니즈를 예측하고, 개인화된 마케팅으로 충성도를 강화하며, 효율적인 운영으로 비즈니스 성과를 극대화할 수 있는 혁신의 동반자다."**

비용 절감과 업무 효율화를 위한
AI 기반 운영 혁신

작은 기업이 생존하고 성장하기 위해서는 제한된 자원을 최대한 효율적으로 사용하는 것이 필수적이다. AI, 특히 생성형 AI(Generative AI)는 이러한 목표를 달성하는 데 중요한 도구로 자리 잡았다. AI는 반복적이고 시간 소모적인 작업을 자동화하고, 데이터 기반 의사결정을 지원하며, 조직 전체의 생산성을 높여준다. 이를 통해 작은 기업은 운영비용을 절감하고, 핵심 업무에 집중하며, 시장에서의 경쟁력을 강화할수 있다.

AI기반 운영 혁신의 첫 번째 핵심은 반복적인 작업의 자동화다. 작은 기업은 인력과 시간이 제한되어 있는 경우가 많아, 단순하고 반복적인 업무에 많은 자원을 소모하기 어렵다. 생성형 AI는 데이터 입력, 문서 작성, 이메일 응답과 같은 작업을 자동화해 직원들이 더 고부가가치 작업에 집중할 수 있도록 돕는다. 예를 들어, AI 기반 이메일 작성 도구는 고객 문의에 대해 자동으로 응답 메시지를 생성하며, 이는 고객 응대 시간을 단축시키고 직원들의 업무 부담을 줄인다. 이러한 자동화는 고객 서비스, 행정 작업, 인사 관리 등 다양한 분야에서 활용될 수 있다.

AI 마인드셋과 AI력(力)으로 리더하라!

두 번째로, 효율적인 자원 관리를 통해 비용을 절감할 수 있다. AI는 조직의 자원 사용 패턴을 분석하고, 최적화된 운영 방식을 제안한다. 예를 들어, AI는 재고 데이터를 분석해 상품의 과잉 재고와 부족 현상을 예측할 수 있으며, 이를 기반으로 적절한 재고 관리를 실행할 수 있다. 이는 창고 유지 비용을 줄이고, 불필요한 자재 구매를 방지하며, 효율적인 자원 배분을 가능하게 한다. 또한, AI는 에너지 사용 데이터를 분석해 비용을 절감할 수 있는 방안을 도출하거나, 비효율적인 프로세스를 식별하고 개선할 수 있는 기회를 제공한다.

세 번째로, 생산성 향상을 위한 스마트 작업 환경 구축이 가능하다. AI는 조직 내 협업을 촉진하고, 직원들의 생산성을 향상시키는 다양한 솔루션을 제공한다. 예를 들어, 프로젝트 관리 도구에 AI를 통합하면 일정 관리, 작업 할당, 우선순위 설정 등을 자동으로 처리할 수 있다. 이는 직원들이 본질적인 업무에 더 집중할 수 있도록 하며, 팀 전체의 협력 효율성을 높인다. 또한, AI 기반 데이터 시각화 도구는 복잡한 데이터를 간단하고 이해하기 쉽게 제공함으로써, 신속하고 정확한 의사결정을 지원한다.

네 번째로, 비용 효과적인 마케팅과 고객 관리를 가능하게 한다. 작은 기업은 마케팅 예산이 한정적인 경우가 많지만, 생성형 AI를 활용하면 경제적이면서도 효과적인 마케팅 캠페인을 실행할 수 있다. 예를 들어, AI는 고객 데이터를 분석해 특정 고객 그룹을 타겟으로 한 개인화된 마케팅 메시지를 생성하고, 자동으로 캠페인을 실행할 수 있다. 또한, AI는 고객 행동을 예측해 재구매 가능성이 높은 고객에게 적절한 프로모션을 제안하거나, 만족도가 낮은 고객에게 맞춤형 서비스를 제공해 충성도를 강화할 수 있다. 이러한 접근은 마케팅 효율성을 높이고, ROI(투자 대비 수익률)를 극대화하는 데 기여한다.

다섯 번째로, 의사결정 과정의 혁신을 통해 업무 효율화를 지원한다. AI는 방대한 데이터를 빠르게 분석해 인사이트를 제공하고, 리더가 더 나은 결정을 내릴 수 있도록 돕는다. 예를 들어, 판매 데이터를 분석해 가장 수익성이 높은 제품군을 식별하고, 이를 기반으로 마케팅과 자원 배분 전략을 수정할 수 있다. 또한, AI는 과거 데이터와 시장 트렌드를 결합해 미래의 수요를 예측하며, 이를 통해 전략적 계획 수립을 지원한다. 이는 시간 소모적이고 복잡한 분석 과정을 단축시키고, 조직의 민첩성을 높인다.

여섯 번째로, 인사 관리와 직원 역량 개발에서도 AI는 효과적인 도구로 활용될 수 있다. AI는 직원 성과 데이터를 분석해 개별 직원의 강점과 약점을 식별하고, 이를 기반으로 맞춤형 교육 프로그램을 추천할 수 있다. 예를 들어, 특정 직원이 데이터 분석 기술이 부족하다는 점이 확인되면, AI가 적합한 교육 콘텐츠를 제안하거나, 관련 워크숍을 자동으로 등록하도록 지원할 수 있다. 또한, AI는 채용 과정에서도 지원자의 이력서를 분석해 적합한 후보를 신속히 선별할 수 있어 시간과 비용을 절감한다.

일곱 번째로, 실시간 모니터링과 문제 해결을 통해 운영 안정성을 확보할 수 있다. AI는 조직의 운영 데이터를 실시간으로 분석해 잠재적인 문제를 사전에 식별하고, 이를 해결하기 위한 조치를 자동으로 제안한다. 예를 들어, 제조업에서는 AI 기반 예측 유지보수 시스템을 활용해 기계

고장을 예방하고, 생산 라인의 가동률을 유지할 수 있다. 이는 예상치 못한 운영 중단을 방지하며, 조직의 전반적인 효율성을 높인다.

여덟 번째로, 기술적 진입 장벽을 낮추는 구독형 AI 솔루션을 활용할 수 있다. 클라우드 기반의 AI 플랫폼은 작은 기업이 고가의 인프라를 구축하지 않고도 AI를 활용할 수 있도록 한다. 예를 들어, Google Workspace의 AI 도구나 Microsoft Copilot과 같은 서비스는 간단한 설정만으로도 데이터 분석, 문서 생성, 업무 관리와 같은 다양한 기능을 제공한다. 이러한 서비스는 사용한 만큼만 비용을 지불하는 구조로 운영되어, 작은 기업의 예산에 적합하다.

마지막으로, 윤리적 AI 활용과 데이터 보안 강화를 통해 신뢰를 유지해야 한다. 생성형 AI가 데이터를 처리하고 의사결정을 지원하는 만큼, 데이터의 보안과 윤리적 사용은 필수적이다. 작은 기업은 고객 데이터를 처리할 때, 관련 법규와 규정을 철저히 준수해야 하며, AI 활용 과정에서 투명성과 공정성을 유지해야 한다. 이를 통해 고객의 신뢰를 유지하고, 장기적인 비즈니스 관계를 강화할 수 있다.

비용 절감과 업무 효율화를 위한 AI기반 운영 혁신은 작은 기업이 경쟁력을 확보하고 지속 가능한 성장을 이루는 데 핵심적인 역할을 한다. 반복 작업의 자동화, 데이터 기반 의사결정, 효율적인 자원 관리, 고객 중심 마케팅, 인사 관리 혁신 등은 AI가 제공하는 주요 이점이다. **"AI는 작은 기업이 제한된 자원으로도 효율적이고 혁신적인 운영 방식을 실현할 수 있는 강력한 파트너다."**

【비용 절감과 업무 효율화를 위한 AI 활용 시 고려사항】

구분	고려사항	설명	예시
목표 설정	명확한 비용 절감 및 효율화 목표 수립	AI 도입 목적을 구체적으로 정의해야 기대 효과와 성과를 명확히 측정할 수 있음	반복 업무 자동화를 통해 인건비 20% 절감, 생산성 30% 향상 목표 설정
적합한 AI 도구 선택	비즈니스와 규모에 맞는 AI 솔루션 선택	복잡하고 고가의 솔루션보다 사용이 간편하고 경제적인 도구를 선택하는 것이 중요	Google Workspace AI 도구나 Microsoft Copilot 같은 구독형 AI 서비스 사용
데이터 품질 관리	데이터 정확성과 일관성 확보	AI의 효과는 데이터 품질에 의존하므로 데이터 정제와 통합이 필요	고객 데이터베이스의 중복 항목 제거 및 최신화 작업 수행
초기 파일럿 실행	소규모 프로젝트로 효과 검증	리스크를 줄이고 성공 가능성을 높이기 위해 파일럿 프로젝트로 AI 효과를 검증	특정 부서에서 AI 기반 재고 관리 시스템 파일럿 프로젝트 실행 후 결과 분석
직원 교육 및 참여	AI 활용 방법에 대한 직원 교육과 협력 강화	직원들이 AI 도구를 효과적으로 사용할 수 있도록 훈련 프로그램 제공	AI 도구 사용법 워크숍 개최, 실무에 적용할 수 있는 사례 공유
ROI 분석	도입 비용 대비 효과 검토	AI 활용의 비용과 절감 가능한 비용 및 생산성 향상을 비교 분석	도입 비용이 50만 원이고 연간 200만 원 비용 절감 가능성 평가
윤리적 데이터 사용	데이터 보안 및 개인정보 보호	데이터 처리와 활용 과정에서 규정 준수와 윤리적 기준을 유지	고객 데이터를 AI 분석에 활용하기 전 동의를 받고 데이터 암호화 도입
지속적인 모니터링	AI 성과와 운영 상태 정기 점검	AI 시스템의 효율성과 정확성을 유지하기 위해 지속적인 점검과 업데이트 필요	AI 기반 작업 자동화 도구 의 성능 모니터링 및 개선 점 확인
업무 통합성	기존 시스템과의 호환성 및 통합성 검토	새로운 AI 도구가 기존 프로세스와 원활하게 통합될 수 있도록 검토	AI 기반 재고 관리 도구가 기존 ERP 시스템과 통합 가능 여부 검토
확장성 고려	필요에 따라 확대 적용 가능 여부 검토	AI 시스템이 비즈니스 성장에 따라 유연하게 확장 가능 해야 함	파일럿 프로젝트 성공 후 전사적으로 확대 적용 계획 수립

AI 마인드셋과 AI력(力)으로 리더하라!

9장

AI 활용 시장 탐색과 사업 기회 창출

AI로 시장 트렌드와 고객 니즈를
분석하는 방법

AI는 시장 트렌드와 고객 니즈를 분석하는 데 강력한 도구로 자리 잡고 있다. 디지털 전환 시대에서 데이터는 기업의 주요 자산이며, AI는 이 데이터를 분석하여 복잡한 시장 환경을 이해하고 고객의 요구를 예측하는 데 필요한 통찰을 제공한다. 특히 빠르게 변화하는 시장에서는 기존의 정성적 조사 방법만으로는 정확하고 신속한 분석이 어려울 수 있다. AI는 방대한 데이터를 실시간으로 처리하고, 이를 통해 트렌드와 고객 행동의 미세한 변화를 포착해 기업이 더 나은 의사결정을 내릴 수 있도록 돕는다.

AI를 활용한 시장 트렌드 분석은 빅데이터(Big Data)의 활용에서 시작된 다. 디지털 환경에서는 소셜 미디어, 검색 엔진, 고객 리뷰, 판매 기록 등 다양한 채널에서 방대한 양의 데이터가 생성된다. AI는 이 데이터를 수집하고 정제하며, 관련성 높은 정보를 선별하여 분석하는 과정을 자동화한다. 예를 들어, 자연어 처리(NLP) 기술을 통해 소셜 미디어와 리뷰 데이터를 분석하면 고객이 특정 제품이나 서비스에 대해 어떻게 생각하고 있는지를 빠르게 파악할 수 있다. 이러한 분석은 제품 개발 방

AI 마인드셋과 AI력(力)으로 리더하라!

향이나 마케팅 전략 수립에 중요한 근거를 제공한다.

또한, AI는 패턴 인식과 예측 분석에 강점을 가진다. 과거 데이터와 현재 데이터를 비교하여 반복적으로 나타나는 패턴을 식별하고, 이를 바탕으로 미래의 시장 트렌드를 예측할 수 있다. 예를 들어, AI는 계절적 판매 데이터와 경제 지표를 결합하여 특정 제품군이 언제 판매가 급증할지를 예측할 수 있다. 이는 재고 관리와 프로모션 시기를 최적화하여 비용을 절감하고 매출을 극대화하는 데 도움을 준다.

고객 니즈를 분석하는 데 있어서 AI는 개인화와 세분화를 가능하게 한다. 고객은 각기 다른 요구와 선호를 가지고 있으며, AI는 이 데이터를 분석하여 세부적으로 분류할 수 있다. 고객 세분화를 통해 기업은 각 세그먼트의 니즈에 맞춘 제품과 서비스를 제공할 수 있다. 예를 들어, AI는 고객의 구매 이력, 온라인 행동 패턴, 설문 데이터를 분석하여 특정 고객이 어떤 기능과 가치를 중요하게 생각하는지를 파악한다. 이를 통해 맞춤형 제안을 제공하거나, 새로운 제품 개발에 활용할 수 있다.

AI는 경쟁사 분석에서도 유용하다. 기업은 AI를 활용해 경쟁사의 마케팅 캠페인, 가격 정책, 고객 리뷰 등을 모니터링하고, 이를 바탕으로 자사의 전략을 조정할 수 있다. 예를 들어, AI는 경쟁사의 소셜 미디어 캠페인을 분석하여 어떤 메시지가 고객과 더 효과적으로 소통하고 있는지를 파악할 수 있다. 이를 통해 기업은 경쟁사와 차별화된 전략을 설계할 수 있으며, 시장 내에서 경쟁 우위를 확보할 수 있다.

AI 기반 트렌드 분석은 시각화 기술을 통해 더 큰 가치를 제공한다. 복잡한 데이터를 단순화하고 시각적으로 표현함으로써, 리더는 데이터를 보다 직관적으로 이해하고 의사결정을 신속히 내릴 수 있다. 예를 들어, AI는 판매 데이터를 기반으로 지역별 매출 변화와 고객 선호도의 변화를 시각화하여, 특정 지역에서 마케팅 전략을 강화할 필요가 있는지를 판단할 수 있도록 돕는다.

또한, AI는 실시간 분석을 통해 변화에 민첩하게 대응할 수 있도록 지원한다. 시장 환경은 빠르게 변하기 때문에, 데이터를 실시간으로 분석하고 대응책을 제시하는 능력이 중요하다. 예를 들어, AI는 소셜 미디어 상에서 특정 키워드나 해시태그의 급격한 증가를 감지하여, 이에 맞는 프로모션을 즉시 실행하거나 제품을 조정하는 데 활용할 수 있다. 이러한 실시간 반응은 경쟁사보다 한 발 앞선 전략 실행을 가능하게 한다.

AI는 다양한 산업에서 트렌드 분석과 고객 니즈 파악에 활용될 수 있다. 예를 들어, 패션 업계에서는 AI를 활용해 최신 유행 스타일을 분석하고, 이를 바탕으로 디자인과 마케팅 전략을 수립할 수 있다. 또한, 헬스케어 분야에서는 환자 데이터 분석을 통해 사람들이 중요하게 생각하는 건강 문제와 니즈를 파악하여, 적절한 솔루션을 제공할 수 있다. 금융 업계에서는 고객의 거래 패턴을 분석하여 맞춤형 금융 상품을 제안하거나, 시장 변동성을 예측하여 투자 전략을 수립할 수 있다.

AI를 통해 시장 트렌드와 고객 니즈를 분석할 때 주의해야 할 점도 있다. 데이터의 신뢰성과 윤리적 사용이 중요하며, 잘못된 데이터나 편

AI 마인드셋과 AI력(力)으로 리더하라!

향된 알고리즘은 왜곡된 결과를 초래할 수 있다. 따라서 기업은 AI 모델이 사용하는 데이터를 철저히 검증하고, 편향을 줄이기 위한 지속적인 관리와 개선이 필요하다. 또한, 고객의 개인정보를 보호하며, 데이터 활용에 대한 투명성을 유지하는 것이 필수적이다.

AI는 시장 트렌드와 고객 니즈를 분석하는 데 강력한 도구이며, 기업이 경쟁력을 강화하고 새로운 기회를 탐색하는 데 중요한 역할을 한다. 데이터를 기반으로 시장의 방향성을 파악하고, 고객의 요구를 깊이 이해하며, 변화에 민첩하게 대응하는 기업만이 치열한 경쟁 환경에서 살아남고 성장할 수 있다. **"AI는 단순한 기술 도구를 넘어, 기업이 고객을 이해하고 변화하는 시장에서 성공하기 위한 핵심적인 파트너다."**

AI를 활용한 시장조사와 사업타당성 분석

AI는 기존의 시장조사와 사업타당성 분석 방법을 혁신적으로 변화시키고 있다. 과거에는 시간과 비용이 많이 소요되던 복잡한 과정이 AI 기술을 통해 효율적이고 신속하게 진행되며, 더욱 정교한 결과를 제공할 수 있게 되었다. AI는 방대한 양의 데이터를 수집하고 분석하여 통찰을 도출하며, 시장의 기회를 포착하고 새로운 사업 전략을 수립하는 데 핵심적인 도구로 자리 잡았다. 기업 리더는 AI를 활용하여 시장조사와 사업타당성 분석의 전 과정을 최적화하고, 경쟁력을 확보할 수 있다.

AI를 활용한 시장조사는 데이터 수집과 분석 자동화에서 시작된다. 전통적인 시장조사 방법은 설문조사나 인터뷰에 의존하며, 데이터 수집과 분석에 많은 시간이 걸린다. 반면, AI는 소셜 미디어, 뉴스 기사, 검색 데이터, 전자상거래 플랫폼 등의 다양한 채널에서 데이터를 자동으로 수집하고, 실시간으로 분석할 수 있다. 예를 들어, 자연어 처리(NLP) 기술을 사용하면 특정 산업에 대한 고객 리뷰와 언급을 분석하여 소비자 감정과 선호도를 빠르게 파악할 수 있다. 이러한 데이터는 시장의 주요 동향을 이해하고, 고객이 중요하게 여기는 요소를 확인하는 데 큰 도움이 된다.

또한, **AI는 패턴 인식과 트렌드 예측을 통해 시장의 방향성을 제시한다.** 과거와 현재의 데이터를 분석하여 반복적으로 나타나는 패턴을 식별하고, 이를 바탕으로 미래의 시장 트렌드를 예측할 수 있다. 예를 들어, AI는 소비자 구매 데이터와 경제 지표를 결합하여 특정 제품군의 수요 변화를 예측할 수 있다. 이는 제품 개발이나 마케팅 전략을 설계할 때, 자원을 효율적으로 배분하고 리스크를 최소화하는 데 기여한다. 특히, 경쟁이 치열한 시장에서 AI의 예측 분석은 기업이 기회를 선점하고, 새로운 시장에 진입하는 데 중요한 역할을 한다.

AI는 시장 세분화와 고객 분석에서도 강력한 도구로 활용된다. AI는 고객 데이터를 기반으로 세부적인 세그먼트를 식별하고, 각 세그먼트의 니즈와 행동을 분석할 수 있다. 이를 통해 기업은 특정 고객군에 초점을 맞춘 차별화된 전략을 수립할 수 있다. 예를 들어, 전자상거래 기업은 AI를 통해 고빈도 구매 고객, 가격 민감형 고객, 특정 카테고리 선호 고객 등으로 분류하고, 각 그룹에 맞춤형 마케팅 캠페인을 실행할 수 있다. 이러한 세분화는 고객 만족도를 높이고, 재구매율을 증가시키는 데 효과적이다.

사업타당성 분석에서 AI는 데이터 기반 의사결정을 지원한다. 기존의 타당성 분석은 전문가의 경험과 직관에 의존하는 경우가 많았으나, AI는 데이터를 기반으로 더욱 객관적이고 정밀한 분석을 제공한다. AI

는 경쟁사의 시장 점유율, 소비자 선호도, 비용 구조 등을 분석하여 특정 사업 아이디어의 실현 가능성과 수익성을 평가한다. 예를 들어, AI는 새로운 제품이나 서비스를 출시할 경우 예상되는 시장 점유율과 비용 대비 수익(Return on Investment)을 시뮬레이션하여, 사업 성공 가능성을 예측할 수 있다.

AI는 리스크 분석과 시나리오 플래닝에도 유용하다. AI는 방대한 데이터를 분석하여 특정 사업의 주요 리스크 요인을 식별하고, 이를 최소화할 수 있는 전략을 제안한다. 예를 들어, 특정 지역에 새로운 매장을 오픈하려는 경우, AI는 해당 지역의 인구 통계, 경쟁사 위치, 경제 상황 등을 분석하여 성공 가능성을 평가하고, 최적의 오픈 전략을 제안할 수 있다. 또한, 다양한 시나리오를 설정하고 각각의 결과를 시뮬레이션함으로써, 가장 효과적인 전략을 도출할 수 있다.

AI는 글로벌 시장 분석에서도 강점을 발휘한다. 글로벌 시장은 문화적, 경제적, 법적 환경이 다양하며, 이를 분석하는 데 많은 리소스가 필요하다. AI는 이러한 데이터를 자동으로 수집하고, 국가별로 중요한 요소를 분석하여 기업이 글로벌 시장에 진입하는 데 필요한 정보를 제공한다. 예를 들어, AI는 특정 국가에서 제품의 가격 민감도를 분석하거나, 주요 소비자 트렌드를 파악하여 진출 전략을 설계할 수 있다. 이러한 글로벌 분석은 기업이 리소스를 최적화하고, 시장 진입 리스크를 줄이는 데 중요한 역할을 한다.

AI를 활용한 시장조사와 사업타당성 분석에서 주의해야 할 점도 있다.

AI 마인드셋과 AI력(力)으로 리더하라!

첫째, 데이터의 신뢰성이 중요하다. AI는 데이터 기반으로 작동하기 때문에, 부정확하거나 편향된 데이터는 왜곡된 결과를 초래할 수 있다. 따라서 데이터 품질을 지속적으로 관리하고 검증해야 한다. 둘째, AI 모델의 편향을 방지하는 것이 필요하다. AI는 학습 데이터에 내재된 편향을 반영할 수 있으므로, 이를 최소화하기 위한 지속적인 개선이 필요하다. 셋째, 윤리적 데이터 활용과 개인정보 보호를 준수해야 한다. 고객 데이터의 수집과 활용 과정에서 투명성을 유지하고, 관련 법규를 준수해야 한다.

AI는 시장조사와 사업타당성 분석에서 혁신적인 도구로 자리 잡고 있으며, 기업이 시장의 기회를 식별하고 리스크를 관리하며 새로운 사업을 성공적으로 실행할 수 있도록 돕는다. 데이터를 기반으로 시장을 이해하고, 고객의 니즈를 파악하며, 전략적 의사결정을 지원하는 AI는 기업 리더에게 필수적인 파트너다. "AI는 시장의 흐름을 읽고 사업의 가능성을 열어주는 열쇠이며, 이를 효과적으로 활용하는 기업만이 미래의 성공을 설계할 수 있다."

AI 활용 R&D 기획 및
신 비즈니스모델 창출

AI는 연구개발(R&D)과 비즈니스 모델 창출의 패러다임을 근본적으로 변화시키고 있다. 과거에는 복잡하고 시간 소모적인 과정이었던 R&D가 AI의 도입으로 더욱 신속하고 효율적으로 전개될 수 있게 되었으며, 새로운 데이터 분석 기술과 예측 알고리즘을 활용하면 혁신적인 아이디어와 비즈니스 기회를 탐색하는 과정도 한층 용이해졌다. AI는 단순히 기술적 지원을 넘어, 창의성과 전략적 사고를 결합하여 조직이 미래를 설계하고 시장에서의 경쟁력을 강화할 수 있도록 돕는 핵심 도구다.

R&D 기획에서 AI의 가장 큰 가치는 방대한 데이터 분석과 통찰 도출에 있다. AI는 대규모 데이터를 신속히 처리하고, 기존 방법으로는 놓칠 수 있는 패턴과 관계를 발견할 수 있다. 예를 들어, AI는 과거의 제품 개발 데이터를 분석하여 성공적인 제품의 공통된 특성을 식별하고, 이를 바탕으로 다음 단계의 개발 방향을 제시할 수 있다. 또한, 시장 데이터를 통해 소비자 요구를 예측함으로써, 기업이 더욱 효율적이고 효과적으로 자원을 배분할 수 있도록 지원한다. 이를 통해 R&D의 정확

성과 성공 가능성을 높일 수 있다.

AI는 시뮬레이션과 프로토타이핑 과정에서도 중요한 역할을 한다. 과거에는 물리적 프로토타입을 제작하고 테스트하는 데 많은 비용과 시간이 소요되었다. 그러나 AI 기반의 디지털 트윈(Digital Twin) 기술은 제품이나 프로세스의 디지털 복제본을 생성하여, 다양한 조건에서의 성능을 시뮬레이션할 수 있게 한다. 예를 들어, 항공 부품 제조업체는 AI를 활용해 가상 환경에서 부품의 내구성과 성능을 시험할 수 있으며, 이를 통해 개발 시간을 단축하고 오류를 최소화할 수 있다. 이러한 기술은 제품 개발뿐 아니라 제조 공정, 물류 관리 등 다양한 분야에서도 활용될 수 있다.

AI는 혁신적인 신 비즈니스모델 창출에서도 중요한 도구로 작용한다. 기존의 비즈니스 모델은 주로 경험적 판단과 시장조사에 의존했으나, AI는 데이터 기반의 예측과 분석을 통해 더욱 과학적이고 창의적인 접근을 가능하게 한다. 예를 들어, AI는 소비자 데이터를 분석하여 기존 비즈니스 모델에서 간과되었던 새로운 고객 세그먼트를 식별하거나, 특정 제품군에 대한 숨겨진 니즈를 발견할 수 있다. 이를 바탕으로 기업은 기존 제품과 서비스를 재구성하거나, 전혀 새로운 가치를 창출하는 비즈니스모델을 설계할 수 있다.

AI는 협업과 아이디어 생성 과정에서도 뛰어난 역량을 발휘한다. AI 기반 협업 도구는 팀원 간의 소통을 강화하고, 다양한 아이디어를 결합해 더 나은 결과물을 도출할 수 있도록 지원한다. 예를 들어, 브레인스토밍 세션에서 AI는 관련 데이터를 제공하거나, 유사한 사례를 제시하여 아이디어의 질과 실현 가능성을 높인다. 또한, AI는 글로벌 네트워크에서 최신 트렌드와 성공 사례를 수집해 팀에 제공함으로써, 더욱 혁신적인 아이디어를 도출할 수 있도록 돕는다.

R&D 기획과 신 비즈니스모델 창출에서 AI가 가져오는 또 다른 장점은 리스크 관리와 예측 능력이다. AI는 시장 데이터를 분석하여 새로운 프로젝트가 직면할 수 있는 주요 리스크를 식별하고, 이를 줄이기 위한 전략을 제시할 수 있다. 예를 들어, 신제품 출시를 앞둔 기업은 AI를 활용해 시장 반응을 예측하고, 고객의 피드백 데이터를 분석하여 초기 단계에서의 문제점을 사전에 파악할 수 있다. 이는 실패 비용을 줄이고, 프로젝트 성공률을 높이는 데 기여한다.

AI는 맞춤형 솔루션 개발에도 강점을 가진다. R&D 과정에서 AI는 고객의 특정 요구를 이해하고, 이에 맞는 맞춤형 제품이나 서비스를 설계할 수 있다. 예를 들어, 자동차 제조업체는 AI를 활용해 고객의 운전 습관 데이터를 분석하고, 이를 바탕으로 차량의 기능과 옵션을 개인화할 수 있다. 이러한 맞춤형 접근은 고객 만족도를 높이고, 경쟁사와의 차별화를 가능하게 한다.

AI는 지속 가능한 혁신을 위한 도구로도 활용된다. 오늘날 기업은 경제적 가치뿐 아니라 환경적, 사회적 가치를 동시에 창출해야 하는 압박을 받고 있다. AI는 자원 소비를 최적화하고, 탄소 배출을 줄이는 혁신적인 솔루션을 설계하는 데 중요한 역할을 한다. 예를 들어, 제조업에서는 AI를 활용해 에너지 소비 패턴을 분석하고, 공정 개선을 통해 에너지 효율을 극대화할 수 있다. 이러한 지속 가능한 접근은 기업의 이미지를 강화하고, 장기적인 경쟁력을 확보하는 데 기여한다.

AI 활용 R&D 기획과 신 비즈니스모델 창출에서 고려해야 할 점도 있다. 첫째, 데이터의 품질과 신뢰성을 유지해야 한다. AI는 입력 데이터의 질에 따라 결과가 크게 달라지므로, 데이터를 체계적으로 관리하고 정제하는 과정이 필수적이다. 둘째, AI의 활용 과정에서 윤리적 기준을 준수해야 한다. 고객 데이터를 사용할 때는 개인정보 보호와 데이터 보안 규정을 철저히 준수해야 하며, AI가 도출한 결과가 공정하고 투명한지 지속적으로 점검해야 한다. 셋째, AI 기술을 효과적으로 활용하려면 조직 내 AI 전문성을 강화하고, 관련 인재를 확보하는 것이 중요하다.

AI는 R&D 기획과 신 비즈니스모델 창출의 모든 단계에서 혁신을 가능하게 한다. 방대한 데이터 분석과 시뮬레이션, 맞춤형 솔루션 설계, 리스크 관리, 지속 가능한 접근 등 AI가 제공하는 다양한 역량은 기업이 미래를 설계하고 시장에서 성공할 수 있는 강력한 도구다. **"AI는 단순한 기술적 도구가 아니라, 기업이 혁신을 이루고 지속 가능한 가치를 창출하는 데 필요한 필수적인 동반자다."**

글로벌 시장 확장을 위한 AI 활용 전략

AI는 글로벌 시장 진출을 위한 필수 도구로 자리 잡았다. 오늘날의 시장 환경은 국가별 경제 상황, 문화적 특성, 소비자 행동이 매우 복잡하게 얽혀 있다. 이러한 상황에서 AI는 방대한 데이터를 분석하고, 통찰을 도출하며, 글로벌 시장에서의 기회를 포착하는 데 강력한 도구로 작용한다. 기업 리더는 AI를 통해 글로벌 확장을 위한 전략을 효율적으로 수립하고 실행함으로써, 경쟁력을 강화하고 지속 가능한 성장을 이룰 수 있다.

AI는 글로벌 시장 분석에서 가장 큰 가치를 발휘한다. 전통적인 시장 분석 방법은 특정 지역에 한정되거나, 분석 과정에서 편향이 생기기 쉽다. 반면, AI는 다양한 데이터 소스를 통합하고 실시간으로 분석하여 국가별 소비자 행동, 트렌드, 경쟁 환경을 종합적으로 이해할 수 있게 한다. 예를 들어, AI는 소셜 미디어 데이터와 검색 트렌드를 분석하여 특정 국가에서 급부상하는 제품 카테고리나 서비스 니즈를 파악할 수 있다. 이를 통해 기업은 해당 지역에서 경쟁 우위를 확보하기 위한 제품 개발이나 서비스 출시 계획을 세울 수 있다.

또한, AI는 언어와 문화적 장벽을 극복하는 데 도움을 준다. 글로벌 시장에서는 각 국가의 언어와 문화적 차이를 이해하는 것이 성공의 핵심 요소다. AI 기반 번역 기술은 고객과의 의사소통을 원활히 하고, 콘텐츠와 마케팅 메시지를 현지화(localization)하는 데 유용하다. 예를 들어, AI는 특정 언어로 작성된 고객 피드백을 분석해 그 지역의 소비자 감정을 파악하거나, 현지 문화에 맞는 광고 카피를 자동으로 생성할 수 있다. 이는 현지 소비자와의 관계를 강화하고, 브랜드에 대한 신뢰를 구축하는 데 기여한다.

AI는 시장 세분화와 타겟팅 전략을 정교화하는 데에도 큰 역할을 한다. 글로벌 시장에서는 고객의 니즈와 선호도가 지역별로 크게 다르기 때문에, 효과적인 타겟팅 전략이 필수적이다. AI는 각 지역의 소비자 데이터를 기반으로 세부 시장 세그먼트를 식별하고, 해당 세그먼트에 적합한 맞춤형 전략을 제안할 수 있다. 예를 들어, AI는 특정 국가에서의 고객 구매 이력과 행동 패턴을 분석하여, 높은 구매 가능성이 있는 세그먼트를 찾아내고, 이들에게 맞춤형 프로모션을 제공할 수 있다. 이러한 접근은 마케팅 비용을 줄이고, 전환율을 높이는 데 기여한다.

AI는 공급망 관리와 운영 효율성 개선에서도 글로벌 시장 확장을 지원한다. 글로벌 시장에서는 복잡한 공급망 관리와 물류 운영이 성공의 중요한 요인이다. AI는 공급망 데이터를 분석해 최적의 경로를 제안하고, 재고 관리와 물류 비용을 최적화할 수 있다. 예를 들어, AI는 특정 지역의 수요 변동을 예측하고, 이에 따라 재고를 적절히 배치하거나, 물류 비용이 낮은 경로를 설계할 수 있다. 이는 비용을 절감하고, 고객에게 제품을 더 빠르게 전달할 수 있도록 돕는다.

AI는 글로벌 마케팅 캠페인의 자동화와 성과 분석을 가능하게 한다. 글로벌 시장에서 성공적인 캠페인을 실행하려면 각 지역의 특성과 고객 니즈를 반영한 전략이 필요하다. AI는 캠페인 실행 전, 다양한 데이터를 분석하여 최적의 메시지와 채널을 선택할 수 있도록 돕는다. 또한, AI는 캠페인 실행 후 데이터를 실시간으로 분석하여 성과를 평가하고, 개선점을 제안한다. 예를 들어, 특정 지역에서의 소셜 미디어 광고 성과가 기대에 미치지 못하는 경우, AI는 해당 지역의 소비자 특성에 맞는 대체 메시지나 이미지를 제안해 캠페인을 조정할 수 있다.

글로벌 시장 확장을 위한 AI 활용에서 중요한 또 다른 요소는 경쟁사 분석이다. 글로벌 시장에서는 각 지역에서의 경쟁 구도가 다를 수 있다. AI는 경쟁사의 활동을 모니터링하고, 그들의 강점과 약점을 분석하여 차별화된 전략을 수립할 수 있도록 돕는다. 예를 들어, AI는 경쟁사의 마케팅 캠페인, 가격 정책, 제품 라인업을 분석하여 자사가 집중해야 할 영역과 개선점을 도출할 수 있다. 이러한 분석은 기업이 경쟁사보다 앞서 나갈 수 있는 기회를 제공한다.

AI는 글로벌 고객 경험을 개선하는 데도 기여한다. 고객 경험은 글로벌 시장에서 브랜드 충성도를 형성하는 중요한 요소다. AI는 고객 데이터를 기반으로 개인화된 경험을 제공하여, 각 지역의 고객들이 자신이 특별히 대우받고 있다고 느낄 수 있도록 한다. 예를 들어, AI는 고객의 선호도를 분석해 개인화된 추천을 제공하거나, 특정 언어로 고객 서비

AI 마인드셋과 AI력(力)으로 리더하라!

스를 자동화하여 신속하고 정확한 응답을 제공할 수 있다. 이는 고객 만족도를 높이고, 브랜드에 대한 긍정적인 이미지를 강화한다.

AI를 글로벌 시장 확장 전략에 활용할 때 주의해야 할 몇 가지 요소도 있다. 첫째, 데이터의 윤리적 활용과 보안이다. 글로벌 시장에서는 각국의 개인정보 보호법과 데이터 활용 규정이 다를 수 있으므로, 이를 철저히 준수해야 한다. 둘째, 문화적 민감성을 고려해야 한다. AI가 생성한 콘텐츠나 메시지가 현지 문화에 적합한지 지속적으로 검토하고 조정해야 한다. 셋째, AI 시스템의 확장 가능성을 고려해야 한다. 글로벌 시장의 확장에 따라 AI 시스템이 효율적으로 작동할 수 있도록 초기부터 확장성을 염두에 둔 설계가 필요하다.

AI는 글로벌 시장 확장을 위한 강력한 도구로, 기업이 다양한 지역에서 기회를 식별하고 전략을 실행하며 경쟁력을 확보하는 데 필수적이다. AI를 활용한 데이터 분석, 타겟팅, 공급망 관리, 고객 경험 개선 등은 글로벌 시장에서 성공을 이루는 데 핵심적인 역할을 한다. **"AI는 글로벌 시장에서 복잡성과 기회를 관리하는 열쇠이며, 이를 효과적으로 활용하는 기업만이 새로운 시장에서의 성장을 실현할 수 있다."**

【글로벌 시장 접근을 위한 생성형 AI 활용 시 유의사항】

구분	유의사항	설명
데이터 윤리와 법규 준수	각국의 데이터 보호 규정 준수와 윤리적 데이터 활용	글로벌 시장에서는 GDPR, CCPA 등 지역별 개인정보 보호법을 철저히 준수 해야 함
문화적 민감성 고려	생성형 AI가 현지 문화와 정서에 부합하는 콘텐츠 생성	AI가 생성한 콘텐츠가 지역별 문화적 차이를 고려하지 않을 경우, 브랜드 이미지에 부정 적 영향을 미칠 수 있음
언어 현지화 정확성	AI 번역 도구 사용 시 문맥과 의미의 정확성을 유지	단순한 번역이 아닌, 현지 관용구와 어법을 반영하여 메시지를 자연스럽게 전달
데이터 편향 방지	AI 학습 데이터의 다양성 확보 및 편향 제거	특정 지역 데이터에 편중된 AI 모델은 글로벌 시장에서의 정확성과 공정성을 저해할 수 있음
현지 규제와 표준 준수	각국의 산업별 규제와 표준 준수	글로벌 시장에서는 지역별로 다른 산업 규제와 표준을 이해하고 준수해야 함
확장 가능성 고려	AI 솔루션이 글로벌 확장에 적합한 구조인지 검토	AI 시스템이 각 지역의 언어, 데이터, 프로세스를 쉽게 통합하고 확장 가능해야 함
실시간 모니터링과 조정	지역별 시장 반응에 따른 콘텐츠와 전략 조정	생성형 AI를 활용한 캠페인은 실시간 으로 모니터링하고, 필요 시 현지 시장 특성에 맞게 즉각 조정해야 함
고객 데이터 보안 강화	데이터 암호화 및 접근 권한 관리	글로벌 고객 데이터의 안전한 관리를 위해 보안 조치와 데이터 접근 통제가 필요
현지 시장 테스트	AI 도구를 활용한 초기 시장 테스트 로 효율성 검증	새로운 시장에서 도입 전, 파일럿 프로젝트를 통해 AI 활용 효과와 적합성을 검증
지속적인 학습과 개선	AI 모델의 지속적인 업데이트와 학습	글로벌 시장 변화에 따라 AI 모델이 최신 데이터와 트렌드 를 반영하도록 정기적으로 업데이트

AI 마인드셋과 AI력(力)으로 리더하라!

10장

AI 활용 사업계획서, 제안서 작성

AI 활용 사업기획 및 사업기획서 작성

    AI는 사업기획과 사업계획서 작성의 전 과정을 혁신적으로 변화시키고 있다. 기존의 사업기획은 경험과 주관적인 판단에 의존하는 경우가 많았으나, AI를 활용하면 방대한 데이터를 분석해 객관적이고 정밀한 계획을 수립할 수 있다. 또한, AI는 계획 수립 과정에서 효율성을 높이고, 실질적인 성과를 이끌어낼 수 있는 기회를 제공한다. 사업기획서는 투자자, 파트너, 내부 이해관계자들에게 명확하고 설득력 있게 비전을 전달하기 위한 중요한 도구이며, AI는 이를 더욱 강력하고 전문적으로 완성할 수 있도록 돕는다.

    AI를 활용한 사업기획은 시장 분석과 데이터 기반 통찰에서 시작된다. AI는 방대한 양의 데이터를 실시간으로 분석하여 시장의 크기, 성장 가능성, 주요 트렌드, 경쟁 환경 등을 명확히 파악할 수 있다. 과거에는 시장 조사에 많은 시간과 비용이 소요되었지만, AI는 이를 자동화하고 더욱 정확한 정보를 제공한다. 예를 들어, 자연어 처리(NLP) 기술을 사용하면 소셜 미디어와 뉴스 데이터를 분석하여 특정 산업에서 고객이 원하는 핵심 가치를 빠르게 파악할 수 있다. 이를 바탕으로 사업 아이디어의 타당성을 검증하고, 적절한 시장 진입 전략을 설계할 수 있다.

AI는 고객 세분화와 타겟팅에도 뛰어난 성능을 발휘한다. AI는 소비자 데이터를 분석하여 고객 세그먼트를 식별하고, 각 그룹의 니즈와 행동 패턴을 이해하도록 돕는다. 이러한 세분화는 효과적인 마케팅 전략뿐 아니라, 사업기획의 방향성을 설정하는 데 중요한 역할을 한다. 예를 들어, 신규 사업 기획 단계에서 AI는 고객의 구매 패턴과 선호도를 기반으로 제품이나 서비스의 기능을 설계하는 데 활용될 수 있다. 이는 기존 시장에서의 차별화를 가능하게 하고, 새로운 고객층을 효과적으로 공략할 수 있는 기반을 마련한다.

사업기획 단계에서 AI는 재무 모델링과 비용 예측을 자동화하여 효율성을 극대화한다. AI는 과거의 재무 데이터를 분석하고, 시장 환경을 시뮬레이션하여 예상 수익, 비용 구조, 투자 회수 기간 등을 계산한다. 예를 들어, AI는 비슷한 산업 내 성공적인 프로젝트 데이터를 분석해 예상 매출과 수익성을 도출하거나, 각 단계별로 발생할 비용을 정확히 예측할 수 있다. 이는 사업 타당성을 보다 객관적이고 신뢰성 있게 평가할 수 있도록 돕는다.

AI는 리스크 분석과 시나리오 플래닝에서도 중요한 도구다. 사업기획서는 예상 리스크와 이를 해결하기 위한 전략을 포함해야 하며, AI는 이를 분석하는 데 있어 강력한 역량을 발휘한다. AI는 과거 데이터와 현재의 시장 정보를 바탕으로 주요 리스크 요인을 식별하고, 각각의 리스크가 사업 성과에 미칠 영향을 예측한다. 또한, 다양한 시나리오를 설정하고 시뮬레이션을 통해 가장 적합한 대안을 제안함으로써, 사업계획서의 완성도를 높인다. 예를 들어, AI는 특정 시장에서 예상치 못한 규제 변화가 발생할 경우의 영향을 분석하고, 이에 대한 대응 전략을 제안할 수 있다.

사업기획서 작성에서 AI는 내용 구성과 문서 작성 자동화를 지원한다. AI 기반 문서 생성 도구는 복잡한 데이터를 요약하고, 이해하기 쉬운 형식으로 표현하는 데 유용하다. 예를 들어, AI는 시장 분석 결과를 그래프나 차트로 시각화하고, 이를 포함한 보고서를 자동으로 생성할 수 있다. 또한, 투자자나 이해관계자가 기대하는 주요 내용을 분석하여, 그들의 관심사에 맞춘 맞춤형 사업계획서를 작성할 수 있다. 이러한 접근은 문서 작성에 소요되는 시간을 대폭 줄이고, 사업계획서의 전문성과 설득력을 강화한다.

AI는 사업 타당성의 실시간 평가를 가능하게 한다. 과거에는 사업 타당성을 평가하기 위해 여러 번의 수작업과 검토 과정이 필요했지만, AI는 데이터를 지속적으로 분석하고, 실시간으로 타당성을 평가할 수 있다. 예를 들어, 시장 데이터가 변화하거나 새로운 경쟁자가 등장하는 경우, AI는 즉각적으로 이를 반영해 계획을 업데이트하고, 새로운 전략을 제안한다. 이는 빠르게 변화하는 환경에서도 유연하고 민첩하게 대응할 수 있는 사업계획을 수립하는 데 도움을 준다.

AI 활용 사업기획에서 중요한 또 다른 측면은 협업과 커뮤니케이션 강화다. AI는 팀 간 협업을 지원하며, 데이터 기반의 논의와 결정을 가능

AI 마인드셋과 AI력(力)으로 리더하라!

하게 한다. 예를 들어, AI 기반 협업 도구는 팀원들에게 실시간으로 데이터와 분석 결과를 공유하고, 의견을 수집해 최적의 계획을 수립하는 데 기여한다. 또한, 다양한 이해관계자들과의 소통을 위한 맞춤형 프레젠테이션 자료를 생성하는 데도 AI를 활용할 수 있다.

AI를 활용한 사업기획 및 사업계획서 작성에서 유의해야 할 점도 있다. 첫째, 데이터의 품질과 신뢰성이 중요하다. AI의 분석 결과는 데이터에 의존하므로, 입력 데이터의 정확성과 완전성을 철저히 검증해야 한다. 둘째, AI가 도출한 결과를 비판적으로 검토하고, 인간의 판단을 결합해야 한다. AI는 강력한 도구이지만, 시장의 복잡성과 예측 불가능성을 완전히 대체할 수는 없다. 셋째, 개인정보 보호와 윤리적 데이터 사용을 철저히 준수해야 한다. 고객 데이터나 시장 데이터를 사용할 때는 관련 규정을 준수하고, 데이터 사용에 대한 투명성을 유지해야 한다.

AI는 사업기획과 사업계획서 작성의 모든 단계를 혁신적으로 개선할 수 있는 도구다. AI를 통해 시장 분석, 고객 세분화, 재무 모델링, 리스크 분석, 문서 작성까지 모든 과정을 효율적으로 수행할 수 있으며, 이는 기업이 경쟁력을 강화하고 성공 가능성을 극대화하는 데 기여한다. **"AI는 단순한 기술적 도구를 넘어, 기업이 새로운 비전을 설계하고 이를 실현하기 위한 전략적 파트너로 자리 잡고 있다."**

AI 활용 사업계획서, 투자제안서 작성

AI는 사업계획서와 투자제안서를 작성하는 과정을 근본적으로 혁신하고 있다. AI는 방대한 데이터를 분석하여 명확한 시장 통찰을 제공하고, 문서 작성 속도를 높이며, 투자자와 이해관계자가 요구하는 핵심 요소를 효과적으로 반영할 수 있는 강력한 도구다. 기존에는 시간과 자원이 많이 소요되던 작업이 AI를 통해 효율적이고 전문적으로 처리될 수 있게 되었다. 사업계획서와 투자제안서는 기업의 비전과 목표를 투자자에게 설득력 있게 전달하기 위한 중요한 문서로, AI를 활용하면 그 품질과 영향력을 한층 더 강화할 수 있다.

AI는 사업계획서 작성의 첫 단계인 시장 분석과 기회 포착에서 큰 도움을 준다. 투자자들은 사업의 성공 가능성을 평가할 때, 해당 시장의 성장 가능성과 경쟁 환경에 대한 명확한 정보를 기대한다. AI는 시장 데이터와 트렌드를 분석해 해당 사업이 얼마나 유망한지 객관적인 근거를 제공할 수 있다. 예를 들어, 자연어 처리(NLP) 기술은 소셜 미디어와 뉴스 데이터를 분석하여 소비자의 관심사와 산업 내 주요 동향을 파악할 수 있다. 이러한 데이터는 시장 진입 전략의 근거가 되며, 투자자에게 신뢰를 준다.

AI는 재무 모델링과 예상 수익 시뮬레이션에서도 강력한 도구다. 투자자들은 사업의 재무적 안정성과 수익성을 중요하게 생각하며, AI는 이를 정밀하게 시뮬레이션할 수 있다. AI는 과거 데이터를 기반으로 매출, 비용, 순이익 등 주요 재무 지표를 예측하고, 다양한 시나리오를 시뮬레이션하여 성공 가능성을 평가한다. 예를 들어, AI는 사업 모델의 가정을 바탕으로 최적, 보통, 최악의 시나리오를 생성하고, 각 시나리오에서 투자 회수 기간(ROI)을 계산할 수 있다. 이는 투자자들이 사업의 재무적 리스크를 명확히 이해하는 데 도움을 준다.

AI는 사업타당성 분석과 리스크 관리에서도 중요한 역할을 한다. AI는 사업 환경, 경쟁사 동향, 규제 요건 등을 분석하여 사업 계획의 타당성을 평가하고, 잠재적인 리스크를 식별한다. 예를 들어, 특정 시장에서의 규제 변화가 매출에 미칠 영향을 시뮬레이션하거나, 경쟁사의 가격 전략이 사업에 주는 영향을 분석할 수 있다. 이를 통해 리스크를 완화할 수 있는 대응 전략을 제시하고, 사업계획서와 투자 제안서에 포함될 수 있도록 한다. 이러한 접근은 투자자들에게 사업의 신뢰성을 높이는 데 크게 기여한다.

AI는 또한 문서 작성 자동화와 시각적 자료 생성을 지원한다. 투자자들은 명확하고 간결하며 시각적으로 이해하기 쉬운 문서를 선호한다. AI는 복잡한 데이터를 요약하고, 이를 그래프, 차트, 인포그래픽 등 시각적 자료로 변환하여 문서의 가독성을 높인다. 예를 들어, AI는 시장 분석 결과를 바탕으로 지역별 매출 잠재력을 그래프로 표현하거나, 경쟁사와의 비교표를 자동 생성할 수 있다. 이는 투자자들이 문서를 빠르게 이해하고, 핵심 내용을 명확히 파악할 수 있도록 돕는다.

투자제안서 작성 과정에서 AI는 맞춤형 제안서 제작을 가능하게 한다. 각 투자자는 고유한 관심사와 우선순위를 가지고 있으며, AI는 이를 분석하여 투자자의 기대에 부합하는 맞춤형 문서를 작성할 수 있다. 예를 들어, AI는 투자자의 과거 투자 경향과 선호 산업 데이터를 분석해, 해당 투자자가 특히 주목할 만한 내용을 강조하거나, 제안서를 특정 톤과 스타일로 조정할 수 있다. 이러한 맞춤형 접근은 투자자들에게 더 높은 호응을 얻을 가능성을 높인다.

AI는 협업 도구로서의 역할도 수행한다. 사업계획서와 투자 제안서를 작성하는 과정은 팀의 다양한 의견과 데이터를 통합해야 하며, AI는 이 과정을 지원할 수 있다. AI 기반 협업 플랫폼은 팀원들이 실시간으로 데이터를 공유하고, 분석 결과를 논의하며, 최적의 내용을 문서에 반영하도록 돕는다. 또한, AI는 이전 버전의 문서와 최신 데이터를 비교하여 수정된 부분을 강조하거나, 새로운 정보를 문서에 자동으로 추가할 수 있다.

AI를 활용한 사업계획서와 투자제안서 작성에서 중요한 점은 윤리적 데이터 사용과 투명성이다. 투자자들은 데이터의 신뢰성과 투명성을 중요하게 여기며, AI가 사용한 데이터가 어떻게 수집되고 분석되었는지 명확히 제시해야 한다. 예를 들어, AI가 시장 데이터를 분석하여 도출한

AI 마인드셋과 AI력(力)으로 리더하라!

결과의 출처와 분석 방법을 상세히 설명해야 한다. 이는 투자자와의 신뢰를 구축하고, 문서의 설득력을 높이는 데 필수적이다.

또한, AI가 생성한 결과물을 비판적으로 검토하고, 인간의 판단과 결합하는 것도 중요하다. AI는 강력한 도구이지만, 모든 상황을 완벽히 이해하거나 예측할 수는 없다. 따라서 AI의 분석 결과를 인간의 직관과 경험으로 보완하여 더욱 신뢰할 수 있는 사업계획서를 완성해야 한다.

AI는 사업계획서와 투자제안서 작성의 모든 단계를 효율화하고, 문서의 품질과 설득력을 강화할 수 있다. 시장 분석, 재무 모델링, 리스크 평가, 문서 자동화, 맞춤형 제안서 제작 등 AI가 제공하는 기능은 기업이 투자자와의 소통에서 성공을 거두는 데 핵심적인 역할을 한다. **"AI는 단순한 지원 도구를 넘어, 기업이 비전을 실현하고 투자자에게 신뢰를 심어주는 전략적 파트너로 자리 잡고 있다."**

【생성형 AI를 활용한 사업계획서 작성시 유의사항】

구분	유의사항	설명	예시
데이터 정확성 검증	AI가 분석한 데이터의 신뢰성과 정확성을 철저히 검토	부정확하거나 편향된 데이터는 잘못된 결론으로 이어질 수 있으므로 데이터 소스와 품질을 점검해야 함	시장 성장률 예측 데이터를 사용할 때, 최신 통계와 비교하여 신뢰성을 확인
투명성 확보	AI가 도출한 결과물의 근거와 분석 과정을 명확히 설명	투자자는 분석 결과의 출처와 방법론에 대해 신뢰를 요구하므로 AI의 분석 과정과 결과를 투명하게 제시해야 함	시장 점유율 예측에서 사용된 데이터 소스와 AI 알고리즘의 작동 방식을 사업계획서에 명시

데이터 윤리 준수	개인정보 보호와 관련된 규정을 철저히 준수	고객 데이터나 시장 데이터 를 활용할 때 관련 법규(GDPR, CCPA 등)를 준수 하고 윤리적 기준을 따라야 함	고객 행동 데이터를 분석하기 전에 동의를 받고, 데이터 처리 과정에서 익명화 적용
현실성 검토	AI가 생성한 예측 결과의 현실성을 판단	AI 모델이 이상적으로 작동할 가능성을 고려해, 분석 결과를 현실적인 조건과 비교하며 평가해야 함	예상 매출 성장률이 지나치게 높을 경우, 유사한 사례와 실제 데이터를 비교해 수정
사용자 맞춤화	투자자나 대상 독자의 요구와 관심사에 맞춰 사업계획서 내용 조정	투자자가 중점을 두는 요소(재무적 수익성, 시장 가능성 등)에 따라 문서를 맞춤화해야 함	투자자가 ROI(투자 수익률)에 관심이 높다면, 관련 데이터와 시뮬레이션 결과를 강조
AI 결과물의 비판적 검토	AI가 생성한 분석 결과와 문서 내용에 대해 인간의 판단과 직관을 결합	AI는 데이터 기반으로 결론을 도출하지만, 인간의 경험과 직관으로 추가 검토 및 보완이 필요	AI가 제시한 시장 진입 전략에 대해 팀의 피드백을 수렴하고, 실행 가능성을 평가
시각 자료의 적합성	AI가 생성한 그래프와 차트가 명확하고 직관적으로 이해될 수 있도록 검토	시각 자료가 복잡하거나 불필요한 정보를 포함하면 투자자들이 주요 내용을 이해하기 어려울 수 있음	시장 점유율 그래프에서 데이터 포인트 간 간격과 색상을 조정하여 가독성 향상
지속적 업데이트	사업 환경 변화에 따라 AI 분석 결과와 사업계획서 내용을 최신화	시장 트렌드와 경쟁 상황은 빠르게 변화하므로, 최신 데이터를 반영해 계획서를 주기적으로 업데이트해야 함	주요 경쟁사의 새로운 제품 출시가 사업에 미치는 영향을 추가로 분석하여 계획서에 반영
AI 도구의 한계 인식	AI가 가진 한계와 불확실성을 이해 하고 이를 보완할 방법을 마련	AI는 과거 데이터를 기반으로 분석하므로 예측 정확도가 완벽하지 않을 수 있으며, 새로운 변수에 대한 고려가 필요	AI가 도출한 결과외에도 현장 조사와 전문가 의견을 반영하여 사업 리스크를 보완
윤리적 AI 활용 강조	AI의 활용이 조직의 가치와 윤리적 기준에 부합하도록 작성	AI 활용 과정에서 공정성과 사회적 책임을 강조하며, 윤리적 원칙을 준수했음을 명확히 해야 함	AI가 특정 세그먼트 데이터를 분석할 때 편향을 줄이기 위한 조치와 접근법을 설명

AI 활용 각종 맞춤형 제안서 작성

AI는 맞춤형 제안서 작성 과정을 효율적이고 정교하게 변화시키고 있다. 맞춤형 제안서는 고객, 파트너, 투자자 등 다양한 대상의 요구와 관심사에 부응하며, 경쟁에서 차별화된 가치를 전달하기 위한 중요한 문서다. AI는 방대한 데이터를 분석하고, 대상 독자의 특성과 요구를 깊이 이해하며, 이를 바탕으로 각 상황에 최적화된 제안서를 작성하는 데 강력한 도구로 활용된다. 과거에는 수작업과 많은 시간이 필요했던 맞춤형 제안서 작성이 AI를 통해 신속하고 전문적으로 이루어질 수 있다.

AI는 고객 니즈 분석과 맞춤형 콘텐츠 생성에서 강력한 역량을 발휘한다. AI는 대상 독자의 산업, 과제, 목표를 분석하여 맞춤형 콘텐츠를 작성할 수 있다. 예를 들어, 특정 고객의 과거 구매 이력, 사업 목표, 경쟁 환경 데이터를 분석해 고객이 당면한 문제를 구체적으로 정의하고, 이에 대한 솔루션을 제안하는 방식이다. 이를 통해 제안서는 단순히 일반적인 정보가 아니라, 독자의 구체적인 요구와 목표를 반영한 문서로 완성된다. 이는 제안서의 설득력을 크게 높이는 핵심 요소다.

AI는 문서의 구조화와 구성 최적화를 지원한다. 제안서는 일반적으로 문제 정의, 제안 솔루션, 기대 효과, 실행 계획, 비용 및 ROI(Return on Investment) 분석 등으로 구성된다. AI는 이러한 문서 구조를 자동으로 생성하고, 대상 독자의 요구에 맞게 강조점을 조정할 수 있다. 예를 들어, ROI를 중시하는 투자자에게는 비용 대비 효과를 강조하고, 기술 솔루션에 관심이 높은 고객에게는 기술적 세부 사항을 구체적으로 설명하는 방식이다. 이러한 맞춤형 구성은 독자의 관심을 효과적으로 끌고, 문서의 설득력을 강화한다.

AI는 데이터 기반 설득력을 제공한다. 맞춤형 제안서는 독자가 신뢰할 수 있는 객관적 데이터를 기반으로 설득력을 높여야 한다. AI는 최신 시장 데이터, 경쟁사 정보, 산업 트렌드 등을 분석해 관련 인사이트를 도출하고, 이를 제안서에 포함할 수 있다. 예를 들어, AI는 특정 산업에서의 시장 점유율 동향을 분석하거나, 유사 사례의 성공 데이터를 제안서에 추가해 독자가 더 높은 신뢰를 갖도록 돕는다. 이는 제안서가 단순히 주장에 그치지 않고, 근거를 기반으로 한 실질적인 문서로 인정받을 수 있도록 한다.

AI는 시각적 자료와 콘텐츠 자동화에서도 유용하다. 복잡한 데이터를 직관적으로 전달하기 위해 그래프, 차트, 인포그래픽 등의 시각적 자료가 필요하며, AI는 이를 신속하게 생성할 수 있다. 예를 들어, 예산 할당 계획을 차트로 시각화하거나, 예상 ROI를 그래프로 표현하는 작업을 AI가 자동으로 처리할 수 있다. 이러한 시각적 자료는 독자의 이해를 돕고, 제안서의 전문성을 높이는 데 기여한다.

AI 마인드셋과 AI력(力)으로 리더하라!

AI는 또한 다국어 제안서 작성과 현지화(Localization)를 지원한다. 글로벌 비즈니스 환경에서는 언어와 문화적 차이를 극복하는 것이 중요하며, AI는 이를 효과적으로 해결할 수 있다. AI 기반 번역 도구는 제안서를 여러 언어로 번역하고, 각 언어의 문화적 특성에 맞게 조정할 수 있다. 예를 들어, 영어로 작성된 제안서를 일본 시장에 제출할 때, AI는 단순한 번역을 넘어 현지 관용구와 비즈니스 표현을 반영해 문서를 현지화한다. 이는 글로벌 파트너와 고객에게 신뢰를 제공하고, 협력의 가능성을 높인다.

AI는 제안서 맞춤화 프로세스의 효율성을 극대화한다. 과거에는 개별 고객이나 투자자마다 새로운 제안서를 작성해야 했으나, AI는 기존 데이터를 활용해 제안서를 자동 생성하고, 필요에 따라 빠르게 수정할 수 있다. 예를 들어, 특정 산업이나 고객군에 적합한 템플릿을 생성한 뒤, AI가 해당 데이터를 바탕으로 개별 맞춤형 제안서를 작성하도록 할 수 있다. 이는 시간과 비용을 절감하고, 보다 많은 고객과 투자자에게 고품질의 제안서를 제공할 수 있도록 한다.

AI는 협업과 피드백 과정을 강화할 수도 있다. 제안서를 작성하는 과정에서 팀의 다양한 의견을 반영하고, 이를 통합하는 작업은 종종 복잡하고 시간이 소요된다. AI 기반 협업 도구는 실시간으로 팀원들이 의견을 공유하고, 수정 사항을 반영할 수 있도록 돕는다. 예를 들어, 팀원이 특정 섹션에 추가적인 데이터를 요청하면, AI가 즉각적으로 관련 데이터를 제공하거나 해당 섹션을 업데이트할 수 있다. 이는 제안서 작성 과정을 간소화하고, 품질을 높이는 데 기여한다.

AI 활용 맞춤형 제안서 작성에서 유의해야 할 점도 있다. 첫째, 데이터 윤리와 보안을 철저히 준수해야 한다. 제안서를 작성하는 과정에서 고객 데이터나 민감한 정보를 사용할 경우, 데이터 보호 규정을 철저히 준수해야 하며, 데이터의 출처와 사용 목적을 명확히 해야 한다. 둘째, AI 결과물의 품질 검토가 필요하다. AI가 생성한 문서는 효율적이지만, 인간의 검토와 보완이 이루어져야 완벽한 문서가 된다. 셋째, 독자의 요구에 초점을 맞춘 내용 구성이 중요하다. AI가 자동 생성한 문서가 독자의 요구와 완전히 일치하지 않을 수 있으므로, 이를 조정하고 맞춤화하는 작업이 필수적이다.

AI는 맞춤형 제안서 작성 과정을 혁신적으로 변화시키는 도구다. 데이터 분석, 문서 구조화, 시각 자료 생성, 다국어 지원 등 AI의 다양한 기능은 제안서를 더욱 효과적이고 설득력 있게 만들어준다. 이를 통해 기업은 고객, 파트너, 투자자와의 관계를 강화하고, 비즈니스 성공 가능성을 높일 수 있다. **"AI는 맞춤형 제안서의 품질과 효율성을 극대화하는 동반자로, 기업이 새로운 기회를 창출하고 경쟁에서 앞서 나갈 수 있도록 돕는다."**

AI 활용 R&D 계획서, 기술개발 사업계획서 작성

AI는 R&D 계획서와 기술개발 사업계획서 작성 과정에서 혁신적인 변화를 이끌고 있다. 전통적으로 R&D와 기술개발 계획서는 복잡한 기술적 설명과 사업화 가능성을 논리적으로 구성하는 작업으로, 높은 수준의 전문성과 많은 시간이 요구되었다. AI는 방대한 데이터를 분석하고, 다양한 시나리오를 시뮬레이션하며, 명확하고 설득력 있는 문서를 작성하는 데 강력한 도구로 활용된다. 이는 기업이 혁신적인 기술 프로젝트를 성공적으로 추진하고, 투자자와 이해관계자를 효과적으로 설득하는 데 큰 도움을 준다.

AI는 기술 시장 분석과 연구 타당성 평가에서 핵심적인 역할을 한다. R&D 프로젝트는 특정 기술이 시장에서 얼마나 필요한지를 판단하는 데서 시작된다. AI는 시장 데이터를 실시간으로 분석하여 현재와 미래의 기술 트렌드, 소비자 요구, 경쟁사의 기술 전략 등을 파악할 수 있다. 예를 들어, AI는 특허 데이터베이스를 검색하여 특정 기술 분야에서의 등록 동향을 분석하고, 기술의 상용화 가능성을 평가할 수 있다. 이를 통해 R&D 계획서에 포함할 시장 타당성과 필요성에 대한 근거를 더욱 강화할 수 있다.

AI는 데이터 기반 기술 예측과 우선순위 설정에서도 강력한 도구다.
R&D와 기술개발은 여러 가지 아이디어와 기술 중에서 자원을 집중해야 할 우선순위를 설정하는 과정이 필요하다. AI는 과거 프로젝트 데이터, 시장 반응, 비용 효율성을 분석하여 각 기술의 성공 가능성을 예측하고, 기업이 가장 효과적으로 투자할 수 있는 영역을 제안할 수 있다. 예를 들어, AI는 특정 기술이 성공한 사례와 실패한 사례를 비교하여, 어떤 조건에서 해당 기술이 성공할 가능성이 높은지 평가할 수 있다. 이는 자원의 효율적 배분과 리스크 최소화에 기여한다.

R&D 계획서와 기술개발 사업계획서는 재무 모델링과 자금 조달 계획을 포함해야 하며, AI는 이 과정을 효율적으로 지원한다. AI는 연구비용과 개발비용을 상세히 분석하고, 예상 수익과 투자 회수 기간(ROI)을 시뮬레이션할 수 있다. 예를 들어, AI는 프로젝트 진행 단계별로 발생할 비용을 예측하고, 연구 종료 후 상용화 단계에서 기대되는 수익을 계산할 수 있다. 이러한 데이터는 투자자와 이해관계자들에게 신뢰를 주며, 프로젝트의 경제적 가치를 설득력 있게 전달할 수 있도록 돕는다.

AI는 리스크 분석과 관리 전략 설계에서도 중요한 역할을 한다. R&D 프로젝트는 본질적으로 높은 불확실성과 리스크를 동반하며, 이를 사전에 예측하고 대비하는 것이 필수적이다. AI는 시장 데이터, 기술적 한계, 규제 요건 등을 분석하여 주요 리스크를 식별하고, 각각의 리스크를 최소화하기 위한 방안을 제안할 수 있다. 예를 들어, AI는 특정 기술이 규제 요건에 부합하지 않을 가능성을 평가하고, 이를 해결하기 위한 기술적 조정이나 대체 전략을 제시할 수 있다. 이는 R&D 계획서와 사업계획서에 리스크 관리 섹션을 강화하는 데 기여한다.

AI는 문서 작성 자동화와 시각화 자료 생성을 지원한다. R&D 계획서와 기술개발 사업계획서는 기술적이고 복잡한 내용을 포함하기 때문에, 이를 이해하기 쉽게 구성하고 표현하는 것이 중요하다. AI는 기술 설명을 요약하고, 이를 도표, 그래프, 인포그래픽 등 시각 자료로 변환할 수 있다. 예를 들어, AI는 기술 개발 단계별 주요 목표와 예상 결과를 타임라인 차트로 표현하거나, 예상 매출 성장을 그래프로 나타낼 수 있다. 이러한 자료는 문서의 가독성을 높이고, 독자가 중요한 내용을 빠르게 이해할 수 있도록 돕는다.

AI는 협업과 피드백 관리에서도 효과적이다. R&D 계획서와 기술개발 사업계획서를 작성하는 과정은 다양한 팀과 전문가들의 의견을 통합하는 협업이 필수적이다. AI 기반 협업 도구는 팀원들이 실시간으로 데이터를 공유하고, 분석 결과를 논의하며, 문서의 각 섹션을 효율적으로 작성할 수 있도록 지원한다. 또한, AI는 이전 버전과 비교해 수정된 내용을 추적하고, 문서의 일관성과 정확성을 유지하도록 돕는다.

AI는 글로벌 기술 개발과 다국어 문서 작성에도 유용하다. 글로벌 기술 프로젝트는 다양한 지역의 파트너와 투자자를 대상으로 하며, 다국어 문서 작성과 현지화(Localization)가 필요하다. AI는 제안서를 여러 언어로 번역하고, 각 언어와 문화적 맥락에 맞게 내용을 조정할 수 있다. 예를 들어, 기술적 세부 사항을 현지 언어로 번역하는 동시에, 각 지역의 규제와 시장 특성을 반영하는 내용을 포함할 수 있다. 이는 글로벌 기술 프로젝트의 신뢰성과 설득력을 높이는 데 기여한다.

AI 활용 R&D 계획서와 기술개발 사업계획서 작성에서 주의해야 할 점도 있다. 첫째, 데이터 윤리와 보안을 철저히 준수해야 한다. AI가 분석한 데이터의 출처와 사용 목적을 명확히 하고, 민감한 정보를 보호하는 것이 중요하다. 둘째, AI 모델의 한계를 이해하고 보완해야 한다. AI는 데이터를 기반으로 한 분석에 강점을 가지지만, 모든 상황에서 최적의 결론을 도출할 수 있는 것은 아니므로, 전문가의 판단과 결합해야 한다. 셋째, 문서의 현실성과 실행 가능성을 강조해야 한다. AI가 생성한 문서가 과도하게 낙관적이거나 비현실적이지 않도록 조정하고 검토하는 과정이 필요하다.

AI는 R&D 계획서와 기술개발 사업계획서 작성의 모든 단계를 지원하며, 문서의 품질과 효율성을 높이는 데 기여한다. **"AI는 기업이 혁신적인 기술 개발을 추진하고, 이를 성공적으로 상용화하기 위한 전략적 파트너로 자리 잡고 있다."**

11장

AI 활용 콘텐츠 창출 및 마케팅 실행

AI 활용 홍보마케팅 콘텐츠
창출 내용은?

AI는 현대 마케팅에서 콘텐츠 창출의 패러다임을 근본적으로 변화시키고 있다. 과거에는 전문 인력과 많은 시간이 필요했던 콘텐츠 제작이 AI를 통해 효율적이고 창의적인 방식으로 이루어지며, 더 높은 수준의 개인화와 고객 중심 접근을 가능하게 한다. AI는 기업이 고객과의 소통을 강화하고, 브랜드 가치를 효과적으로 전달하며, 경쟁 시장에서 두각을 나타낼 수 있도록 돕는 핵심 도구로 자리 잡고 있다.

AI는 콘텐츠 기획 단계에서부터 혁신적인 접근 방식을 제공한다. 마케팅 캠페인을 시작하기 전, 콘텐츠의 주제와 메시지를 효과적으로 설정하는 것은 매우 중요하다. AI는 고객 데이터와 시장 동향을 분석해 특정 고객층이 어떤 유형의 콘텐츠에 관심을 가지는지 파악하고, 최적의 콘텐츠 주제를 제안한다. 예를 들어, 소셜 미디어 데이터를 분석하여 특정 해시태그나 키워드의 트렌드를 파악하거나, 고객 설문조사를 기반으로 현재 가장 중요한 관심사를 도출할 수 있다. 이러한 데이터 기반 접근은 콘텐츠의 타겟팅 효과를 극대화한다.

AI는 콘텐츠 생성 과정에서 생산성과 창의성을 동시에 향상시킨다. 텍스트 생성 AI 도구는 블로그 게시물, 광고 카피, 이메일 캠페인 등의 텍스트 콘텐츠를 빠르고 정확하게 작성할 수 있다. 예를 들어, 기업은 ChatGPT나 Jasper AI와 같은 도구를 사용해 제품 설명을 작성하거나, 특정 캠페인에 필요한 슬로건을 생성할 수 있다. AI는 다양한 톤과 스타일을 지원하므로, 브랜드의 이미지와 일치하는 콘텐츠를 생성할 수 있다. 이러한 기술은 특히 시간과 인력이 제한된 중소기업이나 스타트업에 유용하다.

AI는 또한 시각적 콘텐츠 제작에서 중요한 역할을 한다. 이미지 생성 AI 도구는 광고 배너, 소셜 미디어 포스트, 제품 이미지를 자동으로 생성하거나, 기존 이미지를 최적화하는 데 활용될 수 있다. 예를 들어, DALL·E와 같은 AI는 특정 스타일이나 테마에 맞는 이미지를 생성하여, 브랜드의 메시지를 시각적으로 전달할 수 있도록 돕는다. 이러한 접근은 디자이너가 부족한 상황에서도 고품질의 시각적 콘텐츠를 제작할 수 있는 기회를 제공한다.

동영상 콘텐츠 제작에서도 AI는 강력한 도구로 활용된다. AI 기반 영상 편집 소프트웨어는 자동화된 컷 편집, 배경 음악 추가, 자막 생성 등의 기능을 통해 제작 시간을 단축하고 품질을 높인다. 예를 들어, Sora와 같은 AI 도구는 블로그 게시물이나 텍스트 데이터를 기반으로 자동으로 짧은 동영상을 생성할 수 있다. 이러한 동영상은 소셜 미디어 플랫폼에서 높은 참여율을 유도하며, 브랜드 메시지를 효과적으로 전달하는 데 사용된다.

AI는 콘텐츠 개인화를 통해 마케팅의 효과를 극대화한다. 고객은 자신과 관련성이 높은 콘텐츠에 더 많은 관심을 가지며, AI는 고객 데이터를 분석해 개인화된 콘텐츠를 생성할 수 있다. 예를 들어, 전자상거래 기업은 고객의 구매 이력과 행동 데이터를 기반으로 추천 제품을 포함한 이메일 캠페인을 생성할 수 있다. AI는 고객의 이름, 선호 제품, 관심 카테고리를 포함한 맞춤형 메시지를 작성해 고객 참여를 높이고 전환율을 향상시킨다.

AI는 다양한 채널에서의 콘텐츠 배포와 성과 분석을 자동화한다. 콘텐츠를 적절한 시점에 적합한 채널로 배포하는 것은 마케팅 성공의 중요한 요소다. AI는 고객이 가장 활발히 활동하는 시간을 분석해 최적의 게시 시간을 추천하거나, 소셜 미디어 플랫폼의 알고리즘을 활용해 콘텐츠 노출을 극대화한다. 또한, AI는 실시간으로 콘텐츠의 성과를 분석하고, 이를 기반으로 향후 캠페인을 개선할 수 있는 인사이트를 제공한다. 예를 들어, 특정 게시물이 예상보다 낮은 참여율을 기록할 경우, AI는 대체 메시지나 이미지, 게시 시간을 제안할 수 있다.

AI는 콘텐츠 품질 관리와 검토 과정에서도 유용하다. 생성된 콘텐츠가 문법적으로 정확하고 브랜드 가이드라인을 준수하는지 확인하기 위해 AI 기반 검토 도구를 사용할 수 있다. 예를 들어, Grammarly나 Hemingway와 같은 도구는 텍스트 콘텐츠를 분석하고, 읽기 쉬운 문장 구조를 제안하거나, 브랜드 톤에 맞게 문장을 조정할 수 있다. 이는 콘텐츠의 신뢰성을 높이고, 고객과의 소통에서 긍정적인 인상을 심어주는 데 기여한다.

AI 활용 콘텐츠 창출의 또 다른 장점은 다국어 콘텐츠 제작이다. 글로벌 시장을 대상으로 하는 기업은 여러 언어로 콘텐츠를 제공해야 하며, AI는 이를 간편하게 처리할 수 있다. AI 번역 도구는 단순한 번역을 넘어 현지화(Localization)를 지원하며, 각 언어의 문화적 특성을 반영한 콘텐츠를 생성한다. 예를 들어, 영어로 작성된 마케팅 자료를 프랑스어로 번역하면서, 현지의 표현 방식과 고객 선호를 반영해 수정할 수 있다. 이는 글로벌 시장에서의 브랜드 신뢰도를 강화하는 데 도움을 준다.

AI를 활용한 홍보마케팅 콘텐츠 창출에서 주의해야 할 점도 있다. 첫째, 데이터의 윤리적 활용이다. AI가 분석하는 데이터는 고객의 개인정보를 포함할 수 있으며, 이를 보호하기 위한 법적 및 윤리적 책임을 준수해야 한다. 둘째, 콘텐츠의 독창성을 유지해야 한다. AI가 생성한 콘텐츠는 반복적인 패턴을 보일 수 있으므로, 이를 보완하기 위해 창의적 요소를 추가하는 것이 중요하다. 셋째, AI 결과물의 품질 검토가 필요하다. AI는 강력한 도구이지만, 모든 결과물이 완벽하지는 않으므로, 전문가의 검토와 수정을 통해 최종 콘텐츠의 품질을 보장해야 한다.

AI는 홍보마케팅 콘텐츠 창출에서 효율성과 창의성을 동시에 실현할 수 있는 강력한 도구다. AI를 활용하면 텍스트, 이미지, 동영상 등 다양한 형태의 콘텐츠를 신속하고 효과적으로 제작할 수 있으며, 개인화와 다채널 배포를 통해 고객과의 소통을 강화할 수 있다. **"AI는 기업이 고객의 마음을 사로잡고, 브랜드 가치를 극대화하기 위한 현대 마케팅의 핵심 동반자다."**

【생성형 AI를 활용한 콘텐츠의 유형과 내용】

콘텐츠 유형	설명	활용 예시	기대 효과
블로그 게시물	SEO(검색 엔진 최적화)를 고려하여 주제별로 심층적인 글 작성	산업 트렌드 분석, 제품 사용 가이드, 고객 사례 작성	검색 트래픽 증가, 브랜드 전문성 강화
광고 카피	짧고 매력적인 문구로 광고 메시지 전달	SNS 광고, 디스플레이 광고, 구글 검색 광고의 문구 작성	클릭률 증가, 고객 관심 유도
이메일 캠페인	고객 데이터 기반 개인화 된 이메일 작성	제품 추천, 장바구니 리마인더, 신규 서비스 소개	오픈율 및 클릭률 상승, 전환율 향상
소셜 미디어 콘텐츠	특정 플랫폼에 최적화된 게시물 작성 및 이미지 생성	Instagram 게시물, TikTok 숏폼 동영상, Twitter 캠페인	브랜드 노출 증가, 사용자 참여도 향상
동영상 스크립트	마케팅 영상, 제품 소개 영상, 교육 영상 등에 사용할 스크립트 작성	YouTube 광고 스크립트, 제품 튜토리얼, 고객 리뷰 동영상 제작	동영상 제작 효율화, 메시지 전달력 강화
동영상 콘텐츠	텍스트 기반 데이터를 바탕으로 자동으로 생성된 영상 콘텐츠	블로그 내용을 영상화, 소셜 미디어용 쇼츠(Shorts), 행사 초대 영상	시청자 관심 유도, 콘텐츠 도달 범위 확대
이미지 및 그래픽	홍보용 배너, 인포그래픽, 로고, 프로모션 이미지 자동 생성	제품 광고 배너, 캠페인용 인포그래픽, 웹사이트 배경 이미지	디자인 비용 절감, 브랜드 이미지 일관성 유지
제품 설명	고객 구매 결정을 돕는 간결하고 설득력 있는 제품 정보 작성	전자상거래 제품 설명, 사용 설명서, FAQ 콘텐츠 작성	구매 전환율 상승, 고객 만족도 증대
웹사이트 콘텐츠	랜딩 페이지, 서비스 페이지, 회사 소개 페이지에 들어갈 텍스트와 이미지 제작	랜딩 페이지의 헤드라인, 서비스 혜택 설명, 사용자 후기 작성	웹사이트 전환율 증가, 방문자 체류 시간 증가
프레젠테이션 자료	슬라이드와 그래프, 차트 등 시각 자료 자동 생성	투자자 발표 자료, 내부 보고서, 고객 프레젠테이션 슬라이드	프레젠테이션 제작 시간 단축, 시각적 설득력 향상

AI 마인드셋과 AI력(力)으로 리더하라!

고객 후기 및 리뷰 콘텐츠	기존 리뷰 데이터에서 긍정적인 피드백을 추출 하거나 새로운 후기 형식 으로 작성	성공 사례 강조, 고객 추천 동영상 제작, 긍정적인 리뷰 큐레이션	브랜드 신뢰도 강화, 신규 고객 유치
교육 콘텐츠	학습 자료, 가이드북, 워크 숍 콘텐츠 제작	제품 사용법 가이드, 내부 교육 자료, 산업 트렌드 보고서 작성	고객 및 직원 학습 효율화, 브랜드 전문성 구축
다국어 콘텐츠	글로벌 시장을 대상으로 다양한 언어로 콘텐츠 작성 및 현지화	영어, 일본어, 스페인어 등 다국어 블로그, 광고 카피, 이메일 번역 및 로컬라이제이션(Localization)	글로벌 시장 진출, 현지 고객 신뢰 확보

검색 최적화(SEO), 블로그 콘텐츠 작성

검색 최적화(SEO, Search Engine Optimization)는 현대 디지털 마케팅 전략의 핵심 요소로 자리 잡았다. 소비자는 특정 제품이나 서비스를 탐색할 때 가장 먼저 검색 엔진을 활용하며, 기업의 성공 여부는 검색 결과에서 얼마나 잘 노출되느냐에 크게 좌우된다. 이 과정에서 AI는 검색 엔진 알고리즘의 복잡성을 이해하고, 블로그 콘텐츠를 효율적으로 작성하며, 키워드 선정과 콘텐츠 전략을 최적화하는 데 필수적인 도구로 활용된다. 기업 리더는 AI를 통해 SEO와 블로그 콘텐츠 작성의 전 과정을 혁신적으로 개선하고, 온라인 가시성을 높이며, 고객과의 연결을 강화할 수 있다.

AI는 키워드 분석과 전략적 선택에서 강력한 역량을 발휘한다. 성공적인 SEO는 적합한 키워드를 선정하는 데서 시작된다. AI는 검색 엔진의 데이터를 분석하여 특정 키워드의 검색량, 경쟁 강도, 트렌드 등을 평가하고, 기업이 타겟팅할 가장 적합한 키워드를 추천할 수 있다. 예를 들어, Google의 키워드 플래너와 같은 도구에 AI 기술을 접목하면 특정 산업이나 시장에 적합한 고수익 키워드를 식별할 수 있다. 또한, AI는 롱테일 키워드(Long-tail Keywords)와 같은 구체적이고 경쟁이 낮은

AI 마인드셋과 AI력(力)으로 리더하라!

키워드를 제안하여 보다 효과적인 타겟팅을 가능하게 한다.

AI는 검색 엔진 알고리즘 이해와 콘텐츠 최적화를 지원한다. 검색 엔진은 지속적으로 알고리즘을 업데이트하며, 이러한 변화에 적응하는 것은 어려운 작업이다. AI는 최신 알고리즘을 분석하여 어떤 요소가 검색 순위에 영향을 미치는지 파악하고, 이를 콘텐츠 작성에 반영한다. 예를 들어, AI는 제목 태그, 메타 설명, 본문 구조 등 검색 엔진이 중요하게 여기는 요소를 자동으로 최적화하여 블로그 콘텐츠의 검색 순위를 높일 수 있다. 이는 단순히 콘텐츠를 작성하는 것을 넘어, 기술적 SEO와 콘텐츠 전략을 결합한 방식으로 실행된다.

AI는 블로그 콘텐츠 아이디어 생성에서도 혁신적인 접근을 제공한다. 블로그 콘텐츠는 독창적이고 고객의 관심을 끌 수 있는 주제가 중요하다. AI는 고객의 행동 데이터, 소셜 미디어 트렌드, 경쟁사의 콘텐츠를 분석하여 새로운 주제를 제안하거나, 기존 콘텐츠를 개선할 수 있는 방법을 제공한다. 예를 들어, 특정 키워드와 관련된 인기 검색 질문을 파악하여, 고객의 문제를 해결하는 형태의 블로그 게시물을 작성할 수 있다. 이러한 방식은 고객의 신뢰를 얻고, 검색 순위를 높이는 데 효과적이다.

AI는 콘텐츠 생성 과정을 자동화하여 시간과 비용을 절약한다. 텍스트 생성 AI는 블로그 콘텐츠를 신속하고 정확하게 작성하며, 기업이 자원을 절감하고 더 많은 콘텐츠를 제작할 수 있도록 돕는다. 예를 들어, ChatGPT와 같은 도구는 키워드를 기반으로 블로그 게시물 초안을 작성하거나, 특정 주제에 대해 심층적인 글을 생성할 수 있다. 이러한 도구는 다양한 톤과 스타일로 콘텐츠를 작성할 수 있어, 브랜드의 이미지와 일치하는 콘텐츠를 제작하는 데 유용하다.

SEO는 콘텐츠 구조와 사용자 경험과도 밀접하게 연결되어 있으며, AI는 이를 최적화하는 데도 활용된다. 검색 엔진은 콘텐츠의 가독성과 사용자 경험을 점점 더 중요하게 평가하며, AI는 이를 분석하고 개선할 수 있는 방법을 제안한다. 예를 들어, AI는 본문에 적절한 헤드라인을 추가하거나, 이미지와 그래프를 삽입해 콘텐츠의 시각적 효과를 높이는 방법을 제안할 수 있다. 또한, AI는 내부 링크와 외부 링크를 자동으로 생성하여 콘텐츠의 신뢰성과 가치를 향상시킬 수 있다.

AI는 성과 분석과 지속적인 개선에서도 중요한 역할을 한다. 블로그 콘텐츠가 작성되고 게시된 이후에도, AI는 이를 지속적으로 모니터링하고 성과를 분석한다. AI는 페이지 방문 수, 평균 체류 시간, 이탈률 등의 데이터를 수집하여 콘텐츠의 강점과 약점을 파악할 수 있다. 예를 들어, 특정 블로그 게시물이 예상보다 낮은 트래픽을 기록한 경우, AI는 새로운 키워드 제안, 제목 수정, 본문 개선 등의 해결책을 제공할 수 있다. 이러한 지속적인 개선은 콘텐츠가 장기적으로 성공을 거둘 수 있는 기반을 마련한다.

또한, AI는 다국어 SEO와 글로벌 콘텐츠 전략을 지원한다. 글로벌 시장을 타겟으로 하는 기업은 다양한 언어와 문화적 맥락에 맞는 콘텐츠를 제공해야 한다. AI 기반 번역 도구는 블로그 콘텐츠를 다국어로 변환하고, 각 지역의 검색 엔진 트렌드와 고객 선호도에 맞게 현지화 (Localization)할 수 있다. 예를 들어, 영어로 작성된 콘텐츠를 프랑스어나 독일어로 번역하면서, 해당 지역에서 자주 검색되는 키워드를 반영하여 SEO 효과를 극대화할 수 있다.

AI를 활용한 SEO와 블로그 콘텐츠 작성에서 주의할 점도 있다. 첫째, 콘텐츠의 품질과 독창성을 유지해야 한다. AI는 효율적인 도구이지만, 자동 생성된 콘텐츠가 지나치게 일반적이거나 독창성이 부족할 수 있다. 이를 보완하기 위해 인간의 창의성과 전문성을 결합해야 한다. 둘째, 검색 엔진의 윤리적 기준을 준수해야 한다. 검색 엔진은 과도한 키워드 사용이나 저품질 콘텐츠를 처벌할 수 있으므로, 품질을 유지하면서도 검색 엔진의 가이드라인을 준수해야 한다. 셋째, 데이터 보호와 윤리적 사용을 고려해야 한다. 고객 데이터를 활용할 때는 개인정보 보호 규정을 철저히 준수해야 한다.

AI는 SEO와 블로그 콘텐츠 작성에서 기업이 디지털 경쟁력을 강화할 수 있는 필수적인 도구다. 키워드 분석, 콘텐츠 생성, 구조 최적화, 성과 분석 등 AI가 제공하는 다양한 기능은 콘텐츠의 품질과 효율성을 높이고, 검색 엔진 순위를 강화하며, 고객과의 소통을 촉진한다. **"AI는 단순한 지원 도구를 넘어, 기업의 디지털 마케팅 전략을 혁신적으로 변화시키는 핵심 파트너다."**

생성형 AI로 블로그 글쓰기 핵심 팁

생성형 AI는 블로그 글쓰기의 혁신을 가져오고 있다. 과거에는 블로그 글쓰기가 많은 시간과 노력이 요구되는 작업이었다면, 이제 AI는 이를 효율적으로 지원하며, 더 나은 품질과 창의성을 제공한다. 하지만 AI를 활용한 글쓰기가 성공적이기 위해서는 몇 가지 핵심적인 팁과 전략을 이해하고 실천해야 한다. AI는 도구에 불과하며, 이를 올바르게 활용하면 시간과 비용을 절약하면서도 고품질의 블로그 콘텐츠를 제작할 수 있다. 다음은 생성형 AI를 활용해 블로그 글쓰기를 최적화하기 위한 핵심 팁이다.

◆ 명확한 주제 설정과 목표 정의

AI를 활용하기 전에 블로그 글의 주제와 목표를 명확히 설정해야 한다. 블로그 글의 목적이 브랜드 인지도를 높이는 것인지, 특정 제품이나 서비스를 홍보하는 것인지, 독자들에게 유용한 정보를 제공하는 것인지에 따라 AI에게 제공할 입력 데이터와 방향성이 달라진다. 예를 들어, "2025년 디지털 마케팅 트렌드"라는 주제로 글을 쓰고자 한다면, AI에게 이 주제를 명확히 전달하고, 글의 목적(예: 최신 트렌드를 독자들에게 교육하고 관련 서비스로 연결)을 구체화하는 것이 중요하다.

◆ 적절한 키워드와 SEO 요소 반영

AI를 활용해 작성하는 블로그 글은 SEO(Search Engine Optimization)를 고려해야 한다. AI 도구에 적절한 키워드를 입력하면, 해당 키워드를 포함한 글을 작성할 수 있다. 하지만 단순히 키워드를 반복적으로 사용하는 것은 역효과를 낼 수 있다. 대신, AI가 키워드를 자연스럽게 글의 제목, 소제목, 본문에 배치하도록 설정하고, 관련 키워드를 추가로 포함하도록 지시해야 한다. 이는 검색 엔진 최적화와 독자의 읽기 경험을 동시에 만족시키는 방법이다.

◆ AI 에게 구체적이고 명확한 지시 제공

생성형 AI가 효과적으로 작동하려면 구체적이고 명확한 지시가 필요하다. "블로그 글을 써줘"라는 막연한 요청 대신, 다음과 같은 구체적인 지시를 제공하는 것이 좋다:

"디지털 마케팅 트렌드에 대해 1,500자 분량으로 작성해줘."

"글의 톤은 친근하고 설득력 있게 해줘."

"각 단락의 길이는 짧고, 소제목을 포함해줘."

이러한 구체적인 요청은 AI가 생성한 콘텐츠가 목적과 일치하고, 더 적합한 결과물을 제공하도록 돕는다.

◆ 콘텐츠 구조와 레이아웃 정리

AI가 작성한 글은 종종 구조가 느슨하거나, 논리적 흐름이 매끄럽지 않을 수 있다. 따라서 글의 구조를 사전에 정리하고 AI에게 이를 따라 쓰도록 요청하는 것이 중요하다. 예를 들어, 아래와 같은 구조를 지정할 수 있다.

- **도입부:** 주제 소개 및 독자의 관심을 끌기 위한 질문 또는 사실 제시
- **본문:** 주제에 대한 심층 분석 및 구체적인 예시 포함
- **결론:** 주요 요약과 독자에게 행동 촉구(Call to Action)

이러한 구조는 글의 논리적 흐름을 강화하고, 독자가 원하는 정보를 쉽게 찾을 수 있도록 한다.

◆ AI의 초안에 인간의 감각 추가

AI는 뛰어난 생성 능력을 가지고 있지만, 인간의 감각과 직관이 결여된 글을 생성할 수 있다. AI가 작성한 초안을 바탕으로, 인간이 감성적인 터치, 경험 기반의 통찰, 창의적인 표현을 추가하는 것이 중요하다. 예를 들어, "이 기술은 마케팅 효율성을 향상시킬 것입니다"라는 문장을 "이 기술은 마케팅 팀의 시간을 절약하고, 결과적으로 더 나은 캠페인 성과를 가져올 것입니다"로 구체화할 수 있다. 이러한 방식으로 AI의 결과물을 보완하면 더욱 완성도 높은 글을 작성할 수 있다.

◆ 독자 중심의 글쓰기 스타일 적용

생성형 AI로 작성한 블로그 글은 반드시 독자의 관점에서 작성되어야 한다. 독자가 누구인지, 무엇을 알고 싶어 하는지, 어떤 방식으로 정보를 전달받고 싶어 하는지를 고려해야 한다. 예를 들어, 비전문가 독자를 대상으로 한다면 AI가 전문 용어를 남발하지 않도록 지시하고, 간단하고 쉽게 이해할 수 있는 글을 생성하도록 요청해야 한다. 반대로

전문가 독자를 대상으로 한다면, 심층적이고 기술적인 내용을 포함하도록 AI를 설정할 수 있다.

♦ AI의 콘텐츠에 신뢰성과 데이터 추가

AI는 텍스트를 생성할 수 있지만, 항상 신뢰할 수 있는 데이터를 제공하지는 않는다. 따라서 AI가 생성한 글에 신뢰할 수 있는 통계나 연구 자료를 추가하는 것이 필요하다. 예를 들어, "2025년 디지털 마케팅 시장은 전년 대비 20% 성장할 것으로 예상됩니다"라는 문장을 AI가 생성했다면, 이를 보완하기 위해 구체적인 출처를 추가할 수 있다. 이는 글의 신뢰도를 높이고, 독자들에게 더 큰 설득력을 제공한다.

♦ 정확성과 문법 검토

AI는 종종 문법적 오류나 맥락에 맞지 않는 표현을 생성할 수 있다. AI가 작성한 초안을 반드시 검토하고 수정하는 작업이 필요하다. 문법 검토 도구(예: Grammarly)를 활용하거나, 팀 내에서 리뷰 과정을 거쳐 글의 품질을 높이는 것이 중요하다. 이 과정에서 잘못된 정보나 맥락에서 어긋난 부분을 수정함으로써 독자들에게 신뢰를 제공할 수 있다.

♦ 다양한 형식의 콘텐츠 작성 시도

AI는 텍스트뿐만 아니라 인포그래픽, 동영상 스크립트, 퀴즈 형식 등 다양한 형식의 콘텐츠를 생성할 수 있다. 블로그 글도 단순한 텍스트에서 벗어나, 질문과 답변(Q&A) 형식, 목록형 콘텐츠, 사례 연구(Case Study) 등으로 확장할 수 있다. 예를 들어, "2025년을 위한 10가지 디지털 마케팅 팁"과 같은 리스트 콘텐츠는 SEO에 유리하며, 독자 참여를 유도하는 데 효과적이다.

◆ 지속적인 학습과 AI 도구 업그레이드

생성형 AI는 지속적으로 발전하고 있으며, 최신 기능과 도구를 활용하면 더욱 정교한 콘텐츠를 작성할 수 있다. 기업은 AI 도구의 업데이트를 주기적으로 확인하고, 새로운 기능을 학습하여 블로그 글쓰기를 개선해야 한다. 예를 들어, 최신 AI 모델이 도입한 스타일 매칭 기능을 활용하면, 브랜드의 톤과 정확히 일치하는 콘텐츠를 생성할 수 있다.

생성형 AI는 블로그 글쓰기를 단순화하고, 창의성을 높이며, 효율성을 극대화하는 도구다. 명확한 지시 제공, 독자 중심의 접근, 인간의 검토와 보완을 결합하면, AI를 활용한 블로그 글쓰기는 경쟁력 있는 디지털 마케팅 전략으로 자리 잡을 수 있다. **"AI는 글쓰기를 혁신하는 도구이며, 이를 올바르게 활용하는 기업만이 디지털 환경에서 차별화된 성과를 이룰 수 있다."**

【주요 업종별 AI로 홍보마케팅 블로그 글쓰기 팁】

업종	홍보마케팅 목적	AI 활용 블로그 글쓰기 팁	예시
전자 상거래	제품 홍보와 구매 전환 유도	제품의 장점과 사용법을 강조 한 글 작성 고객 리뷰 및 사례 활용 구매 가이드 제공	"겨울을 따뜻하게! AI가 추천하는 최적의 겨울 코트 선택 가이드"

AI 마인드셋과 AI력(力)으로 리더하라!

교육	강의 및 교육 프로그램 홍보	학습자가 얻을 수 있는 구체적인 혜택 강조 성공 사례 또는 수강생 후기 활용 무료 자료 제공 링크 삽입	"데이터 분석 입문: 단 4주 만에 커리어를 전환 하는 방법"
여행 및 관광	여행지 홍보 및 패키지 예약 유도	현지 정보, 여행 팁 제공 계절별 여행지 추천 사진 및 영상 포함한 생생한 콘텐츠 생성	"AI가 추천하는 2025년 봄, 꼭 가봐야 할 유럽 여행지 TOP 5"
헬스 케어	건강 관련 서비스 및 제품 홍보	질병 예방, 건강 관리 팁 제공 전문가 인터뷰 콘텐츠 활용 최신 연구 데이터 반영	"당신의 면역력을 높이는 AI 추천 건강 습관 7가지"
부동산	매물 홍보 및 투자 유도	지역별 시장 분석과 트렌드 제공 투자 장점과 수익성 강조 과거 사례 비교를 통한 신뢰성 확보	"2025년, 서울에서 가장 뜨는 투자 지역 3곳"
패션 및 뷰티	신제품 홍보와 브랜드 이미지 구축	최신 트렌드 소개 스타일링 팁 및 뷰티 팁 제공 인플루언서 협업 콘텐츠 활용	"AI가 예측한 2025년 패션 트렌드: 어떤 아이템을 준비해야 할까?"
IT 및 기술	기술 서비스 홍보 및 신뢰도 구축	기술의 유용성과 혁신 강조 실제 적용 사례 제공 복잡한 내용을 쉽게 설명	"AI로 생산성을 3배 높이는 클라우드 서비스 활용법"
금융	투자 상품 및 금융 서비스 홍보	리스크와 수익률 분석 제공 재무 계획 팁 공유 실제 고객 성공 사례 포함	"AI로 포트폴리오를 최적화하는 방법: 초보 투자자를 위한 가이드"
자동차	차량 홍보 및 서비스 예약 유도	차량 성능 및 특징 설명 유지비 절감 및 구매 팁 제공 시승 후기 또는 고객 경험 콘텐츠 활용	"AI가 추천하는 연비 좋은 패밀리 SUV 5대"
B2B 서비스	솔루션 제공 및 파트너십 구축	비즈니스 문제 해결 사례 제공 ROI 강조 서비스의 구체적인 이점 명시	"2025년, AI를 활용한 데이터 분석으로 기업 성과를 2배로 높이는 방법"

AI 기반 동영상, 숏폼 콘텐츠 창출

AI는 동영상과 숏폼 콘텐츠 제작에서 혁신적인 도구로 자리 잡고 있다. 현대 마케팅에서 동영상 콘텐츠는 고객의 관심을 끌고 브랜드 메시지를 전달하는 데 있어 핵심적인 역할을 하며, 숏폼 콘텐츠는 짧은 시간 내에 강렬한 인상을 남기는 데 효과적이다. 그러나 이러한 콘텐츠는 시간과 자원이 많이 소요되므로, AI 기술을 활용하면 제작 효율성을 높이고, 더 많은 콘텐츠를 생산할 수 있다. AI는 아이디어 발상, 제작, 편집, 분석의 모든 단계를 지원하며, 기업이 경쟁력 있는 마케팅 캠페인을 전개하도록 돕는다.

AI는 동영상 스크립트 작성과 아이디어 발상에서 강력한 도구로 작용한다. 성공적인 동영상 콘텐츠는 명확한 스토리와 강력한 메시지를 포함해야 한다. AI는 소셜 미디어 트렌드, 소비자 데이터, 인기 검색어를 분석하여 콘텐츠 아이디어를 제공하고, 스크립트를 작성할 수 있다. 예를 들어, AI는 "신제품 출시 예고"라는 주제로 소비자들이 가장 궁금해할 만한 질문과 답변을 중심으로 스크립트를 작성하거나, 특정 키워드를 중심으로 흥미로운 스토리텔링 구조를 제안할 수 있다. 이는 제작 초기 단계에서 많은 시간을 절약하고, 콘텐츠의 품질을 높이는 데 기여한다.

AI는 동영상 제작 자동화를 지원한다. 과거에는 전문 촬영 장비와 인력이 필요했던 작업이 AI 기술로 인해 간소화되었다. AI 기반 도구는 기존의 텍스트 콘텐츠를 자동으로 영상화하거나, 이미지와 동영상을 결합하여 흥미로운 시각적 요소를 제공할 수 있다. 예를 들어, Vrew와 같은 플랫폼은 블로그 글을 입력하면 자동으로 관련 이미지를 찾아 동영상을 생성하고, 적절한 배경 음악과 애니메이션을 추가한다. 이러한 자동화 기술은 예산과 리소스가 제한된 중소기업이나 스타트업에 특히 유용하다.

숏폼 콘텐츠는 AI가 제공하는 또 다른 주요 활용 사례다. TikTok, Instagram Reels, YouTube Shorts와 같은 플랫폼에서 숏폼 콘텐츠는 빠른 주목을 끌고 높은 참여도를 유도한다. AI는 짧고 임팩트 있는 영상 제작을 지원하며, 특정 소비자 그룹에 맞춤형 메시지를 전달할 수 있도록 도와준다. 예를 들어, AI는 고객 데이터를 기반으로 15초 이내에 소비자의 관심을 끌 수 있는 주요 메시지와 시각적 요소를 제안하거나, 기존의 장시간 동영상을 요약하여 숏폼으로 변환할 수 있다. 이는 콘텐츠의 노출과 도달 범위를 확장하는 데 효과적이다.

AI는 음성 및 텍스트 내레이션을 자동화할 수 있다. 동영상 콘텐츠에서 음성은 중요한 전달 매체이며, AI는 자연스러운 음성을 생성하여 시간과 비용을 절감한다. 예를 들어, Synthesia와 같은 AI 도구는 입력된 텍스트를 자연스러운 음성으로 변환하거나, 다양한 언어와 억양을 지원하여 글로벌 시장에 적합한 콘텐츠를 제작할 수 있다. 또한, 텍스트 내레이션을 자막으로 자동 생성하는 기능은 접근성을 높이고, 다양한 플랫폼에서 활용 가능하도록 만든다.

AI는 편집과 후반 작업 자동화를 통해 동영상 제작의 품질을 향상시킨다. 동영상 편집은 시간이 많이 소요되는 작업이지만, AI는 클립의 자동 정렬, 전환 효과 추가, 불필요한 부분 제거 등의 작업을 빠르고 정확하게 수행할 수 있다. 예를 들어, Vrew와 같은 AI 도구는 영상에서 특정 요소를 제거하거나, 배경을 변경하는 작업을 간단히 수행할 수 있다. 이러한 자동화 기능은 제작 과정을 단축하고, 더 많은 콘텐츠를 빠르게 제공할 수 있도록 한다.

AI는 개인화된 동영상 콘텐츠 제작에서도 중요한 역할을 한다. 현대 소비자는 자신에게 맞춤화된 콘텐츠에 더 높은 관심을 가지며, AI는 이를 가능하게 한다. AI는 고객 데이터를 분석하여 각 고객의 선호도와 관심사에 기반한 맞춤형 동영상을 제작할 수 있다. 예를 들어, 전자상거래 기업은 고객의 구매 이력을 기반으로 맞춤형 제품 추천 동영상을 생성하거나, 특정 고객 그룹에게 개인화된 프로모션 메시지를 담은 숏폼 콘텐츠를 제공할 수 있다. 이는 고객 참여를 높이고, 구매 전환율을 향상시키는 데 효과적이다.

AI는 성과 분석과 최적화에서도 강력한 도구다. 동영상과 숏폼 콘텐츠가 게시된 이후, AI는 실시간으로 성과를 추적하고 분석하여 캠페인의 효과를 평가할 수 있다. AI는 조회 수, 클릭률, 공유 수, 시청 시간 등의 데이터를 수집하고, 이를 기반으로 개선 방안을 제안한다. 예를 들어, AI는 특정 플랫폼에서의 참여율이 낮은 경우, 다른 플랫폼으로 콘텐츠를 재배포하거나, 새로운 시각적 요소와 메시지를 추가하도록 추천할 수 있다. 이러한 데이터 기반 접근은 콘텐츠의 ROI(Return on Investment)를 극대화한다.

또한, AI는 다국어 동영상 제작과 현지화(Localization)를 지원한다. 글로벌 시장을 대상으로 하는 기업은 다양한 언어와 문화에 맞는 동영상을 제작해야 하며, AI는 이를 효율적으로 처리할 수 있다. AI 기반 번역 및 자막 생성 도구는 동영상을 여러 언어로 변환하고, 각 언어의 문화적 맥락을 반영하여 현지화된 콘텐츠를 제공한다. 예를 들어, 영어로 제작된 제품 설명 동영상을 스페인어, 프랑스어로 번역하고, 현지 소비자에게 적합한 메시지로 조정할 수 있다. 이는 글로벌 마케팅 캠페인의 성공 가능성을 높인다.

AI 기반 동영상과 숏폼 콘텐츠 제작에서 주의해야 할 점도 있다. 첫째, 콘텐츠의 독창성과 품질을 유지해야 한다. AI는 자동화와 효율성을 제공하지만, 모든 결과물이 창의적이거나 브랜드 가치를 반영하지 않을 수 있다. 둘째, 데이터 윤리와 프라이버시를 고려해야 한다. 고객 데이터를 활용할 때는 개인정보 보호 규정을 철저히 준수하고, 데이터 사용에 대한 투명성을 유지해야 한다. 셋째, AI 결과물을 검토하고 보완해야 한다. AI가 생성한 콘텐츠는 편리하지만, 최종 품질 보증은 인간의 검토를 통해 이루어져야 한다.

AI는 동영상과 숏폼 콘텐츠 제작에서 효율성을 높이고, 창의성을 강화하며, 성과를 극대화할 수 있는 도구다. 스크립트 작성, 자동화된 제작, 개인화, 성과 분석 등 AI가 제공하는 다양한 기능은 현대 마케팅에서 경쟁력을 확보하는 데 필수적이다. **"AI는 단순히 동영상 제작을 돕는 기술이 아니라, 기업이 고객과 연결되고, 브랜드 스토리를 효과적으로 전달할 수 있는 강력한 파트너다."**

【주요 동영상, 숏폼 자동화 AI 서비스】

플랫폼명	URL	주요 특징
Sora	https://sora.com/	텍스트 기반으로 고품질 동영상을 자동 생성하며, 간단한 입력만으로도 최대 1분 길이의 1080p 영상 제작 가능. 다양한 스타일과 형식 제공
InVideo	https://invideo.io/	텍스트 기반 동영상 생성 도구로, 다양한 템플릿과 사용자 친화적인 인터페이스를 제공하여 소셜 미디어와 마케팅 콘텐츠 제작에 최적
Luma AI	https://lumalabs.ai/	3D 모델링 및 렌더링을 통해 현실감 있는 동영상과 이미지를 생성하며, 게임, 영화, 광고 분야에서 활용도가 높음
Canva	https://www.canva.com/	텍스트 입력만으로 동영상 제작이 가능하며, 다양한 템플릿과 디자인 요소를 활용해 시각적으로 매력적인 콘텐츠를 제작할 수 있음
VEED.IO	https://www.veed.io/	직관적인 인터페이스와 자동 텍스트 생성, 음성 감지 및 자막 생성 등의 기능으로 전문가 수준의 동영상 제작 가능
Vizard	https://vizard.ai/	클립에서 스피커 얼굴을 자동 감지 및 프레임 조정을 지원하며, 다양한 소셜 미디어 플랫폼에 최적화된 콘텐츠 제작 가능
MetaBuzz	https://metabuzz.co.kr/	데이터를 활용해 AI가 숏폼 영상을 자동 생성하며, 빠르고 간편한 제작 프로세스를 제공하여 비전문가도 쉽게 활용 가능
샵라이브 AI 클립	https://www.aitimes.kr/	고객사의 기존 영상 중 주요 구간을 AI가 선별하여 숏폼 콘텐츠로 자동 생성하며, 자막과 제목도 AI가 지원

AI 마인드셋과 AI력(力)으로 리더하라!

AI 활용 이메일 및 홍보콘텐츠 창출

AI는 이메일과 홍보 콘텐츠 제작에서 기업의 마케팅 전략을 혁신적으로 변화시키고 있다. 이메일은 고객과 직접 소통하는 가장 효과적인 채널 중 하나로, AI를 활용하면 더 높은 개인화와 효율성을 제공할 수 있다. 또한, 홍보 콘텐츠는 브랜드 메시지를 전달하고 고객의 행동을 유도하는 데 중요한 역할을 한다. AI는 데이터 분석, 콘텐츠 생성, 성과 추적 등 전 과정을 자동화하고 최적화하여 마케팅 활동의 ROI를 극대화할 수 있도록 지원한다.

AI는 이메일 개인화에서 핵심적인 역할을 한다. 고객은 자신과 관련성이 높은 이메일에 더 높은 관심을 가지며, AI는 고객 데이터를 분석하여 맞춤형 메시지를 작성할 수 있다. 예를 들어, 고객의 이름, 관심사, 구매 이력, 웹사이트 행동 데이터를 기반으로 개인화된 이메일을 작성하면, 오픈율과 클릭률을 크게 향상시킬 수 있다. AI는 특정 고객 그룹에 적합한 제품 추천, 프로모션 제안, 이벤트 초대 등을 포함한 개인화된 메시지를 생성하며, 이러한 접근은 고객의 참여도를 높이는 데 효과적이다.

AI는 캠페인 주제와 카피 개발에서도 중요한 도구다. 이메일 캠페인의 성공 여부는 주제와 제목이 얼마나 매력적인가에 크게 좌우된다. AI는 소셜 미디어 트렌드, 키워드 데이터, 고객 피드백 등을 분석하여 최적의 주제를 추천하고, 클릭을 유도할 수 있는 효과적인 제목과 내용을 생성할 수 있다. 예를 들어, "AI 추천! 지금 쇼핑하면 20% 할인"과 같은 제목은 긴급성과 관심을 동시에 유발하여 높은 오픈율을 기록할 가능성이 높다.

AI는 자동화된 이메일 시리즈 생성을 지원한다. 고객의 구매 여정에 따라 이메일 시리즈를 자동으로 생성하고 발송할 수 있어, 고객의 단계별 요구에 맞춘 적시의 메시지를 제공한다. 예를 들어, 신규 고객에게는 환영 이메일, 장바구니를 포기한 고객에게는 리마인더 이메일, 구매 후에는 감사 메시지와 함께 추천 제품을 소개하는 이메일을 보낼 수 있다. AI는 이러한 워크플로우를 설정하고, 고객의 행동 데이터를 분석해 최적의 발송 시점과 내용을 조정한다.

AI는 성과 분석과 A/B 테스트 최적화에서도 중요한 역할을 한다. 이메일 캠페인이 발송된 후, AI는 오픈율, 클릭률, 전환율 등의 데이터를 분석하여 어떤 요소가 캠페인의 성공에 기여했는지 파악한다. 이를 바탕으로, AI는 개선된 버전의 이메일을 제안하거나, A/B 테스트를 통해 가장 효과적인 제목, 디자인, 콘텐츠를 선택할 수 있다. 예를 들어, AI는 제목에 특정 키워드를 포함하거나, 버튼의 색상을 변경하여 클릭률을 15% 향상시킬 수 있는 방법을 제안할 수 있다.

AI는 시각적 콘텐츠와 디자인 생성에서도 활용된다. 효과적인 이메일은 텍스트뿐만 아니라 시각적인 요소가 조화를 이루어야 한다. AI는 이미지 생성 도구를 통해 이메일에 포함할 고품질의 시각적 콘텐츠를 자동으로 생성하거나, 디자인 템플릿을 추천할 수 있다. 예를 들어, 제품 이미지를 기반으로 배경 색상과 글꼴을 조정한 프로모션 배너를 생성하거나, 특정 캠페인 테마에 맞는 디자인 레이아웃을 자동으로 제안할 수 있다.

홍보 콘텐츠 생성에서도 AI는 매우 유용하다. AI는 마케팅 메시지의 핵심 요소를 자동으로 추출하고, 다양한 채널에 맞는 콘텐츠를 생성할 수 있다. 예를 들어, 동일한 캠페인을 위한 이메일, 소셜 미디어 게시물, 블로그 게시물 등의 콘텐츠를 한 번에 제작하도록 지원한다. AI는 각 플랫폼의 특성과 고객의 소비 행동을 분석하여, 각 채널에서 가장 효과적인 콘텐츠 형식을 추천한다. 이는 캠페인 일관성을 유지하면서도 각 채널에 최적화된 메시지를 전달할 수 있게 한다.

AI는 다국어 이메일과 콘텐츠 현지화에서도 중요한 역할을 한다. 글로벌 시장을 타겟으로 하는 기업은 다양한 언어와 문화적 배경을 가진 고객을 대상으로 콘텐츠를 제작해야 하며, AI는 이를 자동화하고 현지화(Localization)할 수 있다. AI는 이메일과 홍보 콘텐츠를 다국어로 번역할 뿐만 아니라, 각 지역의 문화적 특성에 맞게 내용을 수정한다. 예를 들어, 동일한 프로모션 이메일을 영어, 스페인어, 중국어로 번역하고, 각 지역 고객이 선호하는 디자인 요소와 메시지를 반영할 수 있다.

AI는 스팸 필터 회피와 전달률 최적화에도 기여한다. 이메일 캠페인이 성공하려면 스팸 필터를 우회하고 고객의 받은 편지함에 도달해야 한다. AI는 스팸 필터의 작동 방식을 분석하고, 스팸으로 간주되지 않는 최적의 이메일 구조와 문구를 생성할 수 있다. 예를 들어, AI는 "무료"와 같은 특정 단어의 과도한 사용을 피하고, 이메일의 이미지와 텍스트 비율을 조정하여 전달률을 높인다.

AI를 활용한 이메일 및 홍보 콘텐츠 제작에서 주의해야 할 점도 있다. 첫째, 콘텐츠의 품질과 독창성을 유지해야 한다. AI가 생성한 콘텐츠가 지나치게 일반적이거나 비인간적으로 느껴질 수 있으므로, 기업의 브랜드 음성과 일치하도록 조정하는 과정이 필요하다. 둘째, 데이터 윤리와 개인정보 보호를 준수해야 한다. AI는 고객 데이터를 기반으로 작동하므로, 데이터 수집과 활용에서 법적 및 윤리적 기준을 철저히 따라야 한다. 셋째, 성과 분석 결과를 지속적으로 반영해야 한다. AI의 제안이 항상 완벽하지 않을 수 있으므로, 분석 데이터를 기반으로 캠페인을 개선하는 작업이 필요하다.

AI는 이메일과 홍보 콘텐츠 제작에서 기업의 생산성과 마케팅 효과를 혁신적으로 향상시킬 수 있는 도구다. 개인화, 자동화, 다국어 지원, 성과 분석 등 AI가 제공하는 다양한 기능은 기업이 고객과의 관계를 강화하고, 브랜드 가치를 높이며, 경쟁에서 앞서 나갈 수 있도록 돕는다. **"AI는 단순히 이메일 작성 도구를 넘어, 기업과 고객 간의 의미 있는 연결을 만드는 핵심 전략 파트너다."**

AI 마인드셋과 AI력(力)으로 리더하라!

4부

AI 시대 리더의
생존과 성장 전략

12장

리더의 지속적인
AI 학습과 성장 전략

리더가 AI를 학습하고 활용하는 방법

AI가 전 산업에 걸쳐 빠르게 확산되고 있는 이 시대에, 리더가 AI를 학습하고 적극적으로 활용하는 것은 선택이 아닌 필수가 되었다. AI는 조직의 운영 방식과 시장 환경을 근본적으로 변화시키며, 새로운 기회와 도전을 동시에 가져오고 있다. 리더는 이 기술을 단순히 이해하는 것을 넘어, 전략적 도구로 활용할 수 있는 능력을 갖춰야 한다. 이는 조직의 경쟁력과 지속 가능성을 결정짓는 중요한 요소다. 리더가 AI를 학습하고 조직 내에서 성공적으로 활용하기 위해 실질적으로 실행할 수 있는 방안들을 살펴보자!

먼저, AI를 학습하기 위해 리더는 기본 개념과 핵심 기술을 이해해야 한다. AI는 기계 학습(Machine Learning), 자연어 처리(Natural Language Processing), 컴퓨터 비전(Computer Vision) 등의 기술로 구성되며, 이러한 기술이 어떻게 작동하는지에 대한 기초적인 이해가 필요하다. 예를 들어, 기계 학습은 데이터를 분석해 패턴을 학습하고, 이를 기반으로 미래를 예측하는 데 사용된다. 이를 통해 리더는 AI가 비즈니스 문제를 해결하는 방식과 조직에 미칠 영향을 더 잘 이해할 수 있다. 온라인 강의 플랫폼(예: Coursera, Udemy)과 같은 곳에서 AI 개론 강의를 수강하거나,

책과 보고서를 통해 개념을 정립하는 것도 좋은 시작점이다.

다음으로, 비즈니스 관점에서 AI를 이해하고 적용하는 방법을 학습해야 한다. 리더는 AI 기술 그 자체보다는, 이를 통해 어떤 문제를 해결하고 어떤 가치를 창출할 수 있는지에 중점을 두어야 한다. 이를 위해 AI의 적용 사례와 성공적인 비즈니스 모델을 학습하는 것이 중요하다. 예를 들어, AI를 활용한 예측 분석으로 재고를 최적화하거나, 고객 데이터를 분석해 개인화된 마케팅 캠페인을 실행하는 사례를 연구해 조직의 전략에 통합할 수 있는 방법을 모색해야 한다.

AI를 학습하는 또 다른 효과적인 방법은 프로젝트 기반 학습이다. 실제 비즈니스 문제를 해결하는 과정에서 AI 기술을 적용하며 학습할 수 있다. 예를 들어, 리더는 조직 내 특정 문제를 해결하기 위한 AI 파일럿 프로젝트를 실행하고, 이를 통해 AI가 실제로 어떻게 작동하는지 경험할 수 있다. 이 과정에서 AI 팀과 협력하며 기술적 이해를 높이고, AI가 조직에 제공할 수 있는 가치를 직접 체감할 수 있다.

리더는 AI를 학습하는 과정에서 적극적으로 질문하고 배우는 태도를 가져야 한다. AI는 빠르게 진화하는 기술로, 항상 새로운 지식을 필요로 한다. 따라서 리더는 AI 전문가와의 대화를 통해 기술적 복잡성을 이해하고, 새로운 인사이트를 얻어야 한다. 예를 들어, AI 모델의 작동 방식이나 데이터 품질의 중요성, 윤리적 고려사항 등에 대해 질문하고, 이를 조직의 의사결정 과정에 반영할 수 있다.

AI 마인드셋과 AI력(力)으로 리더하라!

리더가 AI를 학습하고 활용하기 위해서는 적합한 도구와 플랫폼을 선택하는 것도 중요하다. 현재 시장에는 AI 학습을 지원하는 다양한 도구가 존재하며, 이를 활용하면 학습 과정을 효율적으로 관리할 수 있다. 예를 들어, AutoML 플랫폼은 사용자가 프로그래밍 기술 없이도 AI 모델을 구축하고 테스트할 수 있도록 돕는다. 이러한 도구를 활용하면 리더는 AI의 기본 원리를 이해하는 동시에, 이를 실질적으로 활용할 수 있는 역량을 키울 수 있다.

또한, 리더는 데이터 리터러시(Data Literacy)를 강화해야 한다. AI는 데이터 기반으로 작동하므로, 데이터를 이해하고 해석하는 능력이 필수적이다. 이를 위해 데이터 시각화 도구(예: Tableau, Power BI)를 활용해 데이터를 분석하고, 데이터가 조직의 비즈니스 전략에 어떻게 기여할 수 있는지 학습해야 한다. 데이터에 기반한 의사결정을 내릴 수 있는 역량은 AI를 효과적으로 활용하는 데 중요한 요소다.

리더가 AI 학습을 지속하려면 AI 관련 최신 동향과 사례를 꾸준히 따라가는 습관을 길러야 한다. AI는 빠르게 변화하는 분야이기 때문에, 기술 발전과 새로운 응용 사례를 지속적으로 학습하는 것이 중요하다. 이를 위해 AI 관련 뉴스레터, 연구 보고서, 기술 블로그를 구독하거나, AI 전문 컨퍼런스와 워크숍에 참여할 수 있다. 예를 들어, 매년 열리는 CES(Consumer Electronics Show)나 NeurIPS(Neural Information Processing Systems)와 같은 행사에 참여하면 최신 기술 트렌드와 산업의 미래를 이해할 수 있다.

리더는 AI 학습과 활용 과정에서 조직의 협업 문화를 조성해야 한다.
AI는 조직 내 다양한 부서와의 협력이 필수적이며, 리더는 이를 촉진
하는 역할을 맡아야 한다. 예를 들어, IT 부서와 마케팅 부서가 협력
해 AI 기반 고객 분석 프로젝트를 실행할 수 있도록 환경을 조성하거
나, AI 학습을 위한 내부 교육 프로그램을 지원해야 한다. 이러한 협력
은 조직 전체가 AI에 대한 이해를 공유하고, 이를 전략적으로 활용하
는 데 기여한다.

**AI 학습을 가속화하기 위해, 리더는 AI 전문가와의 파트너십을 구축하
는 것도 효과적이다.** 외부 전문가나 컨설팅 회사와 협력하면 최신 기술
과 도구를 빠르게 학습할 수 있으며, 복잡한 문제를 해결하는 데 도움
을 받을 수 있다. 또한, 전문가와의 협력은 리더가 AI의 잠재력을 더 깊
이 이해하고, 이를 조직의 전략에 통합하는 데 중요한 역할을 한다.

마지막으로, 리더는 AI 활용에서 윤리적 관점을 항상 고려해야 한다.
AI 기술은 강력한 도구이지만, 잘못 사용될 경우 윤리적 문제를 야기
할 수 있다. 리더는 AI의 투명성, 공정성, 데이터 보호 문제를 이해하
고, 이를 조직의 AI 전략에 반영해야 한다. 예를 들어, AI 모델이 편향
되지 않도록 데이터를 검토하고, 개인정보 보호 규정을 준수하는 프로
세스를 구축해야 한다.

리더가 AI를 학습하고 활용하는 과정은 기술적 이해와 비즈니스 전
략의 융합을 요구한다. 기본 개념 학습에서 시작해, 데이터 활용, 프
로젝트 기반 학습, 협업 문화 조성, 윤리적 책임까지, 리더는 AI를 통

해 조직의 성과와 지속 가능성을 극대화할 수 있는 역량을 개발해야 한다. "AI 시대의 리더는 단순한 기술 사용자가 아니라, 기술의 가능성을 이해하고 이를 조직의 성장과 혁신으로 전환할 수 있는 전략적 리더여야 한다."

【AI 관련 주요 트렌드 및 정보 플랫폼】

구분	플랫폼명	URL	주요 특징
국내	한국AI교육진흥원	https://ai-campus.kr/	AI 실무 중심 맞춤형 교육 제공 기업 생산성 강화 과정 운영
	K-MOOC	https://www.kmooc.kr/	생성형 AI 실무 강좌 등 다양한 AI 공개 강좌 제공
	GNMOOC	https://gmooc.gbe.kr/	교육 분야 AI 도구 및 활용법 강좌 제공
	한국GPT협회 교육센터	https://gptkoreaclass.com/	ChatGPT 및 생성형 AI 활용법과 프롬프트 엔지니어링 교육
	BMOOC	https://www.sdgnews.net/	AI 활용 전문 교육 프로그램 운영
해외	AWS AI 교육	https://aws.amazon.com/	AWS AI 서비스와 생성형 AI 기술 학습 리소스 제공
	Coursera	https://www.coursera.org/	글로벌 강사진과 함께 AI 이론 및 실습 강좌 제공
	edX	https://www.edx.org/	유명 대학과 협력하여 AI 기초부터 응용 강좌 제공
	OpenAI Learning	https://openai.com/	ChatGPT와 생성형 AI 활용법 및 개발자 학습 리소스 제공
	DeepLearning.AI	https://www.deeplearning.ai/	AI 전문 학습 플랫폼으로 딥러닝 및 생성형 AI 교육 제공

AI 시대에 필요한 네트워킹과 전문가 협업

AI 시대의 리더십은 단순히 기술을 이해하는 것을 넘어, 협업과 네트워킹을 통해 조직과 산업 전반에서 가치를 창출하는 능력에 달려 있다. AI는 매우 복잡하고 빠르게 발전하는 기술로, 단독으로 모든 것을 이해하고 실행하기는 어렵다. 리더는 전문가와의 협업과 강력한 네트워크를 구축하여 AI 기술과 아이디어를 조직의 전략에 효과적으로 통합해야 한다. 이러한 협업은 조직 내외부의 다양한 자원을 활용하고, AI 활용의 잠재력을 극대화하는 데 핵심적인 역할을 한다.

리더가 AI 시대에 성공적으로 네트워킹하고 전문가와 협업하기 위해서는 **먼저 명확한 협업 목표 설정이 필요하다.** AI 관련 네트워킹과 협업은 단순히 기술적 조언을 구하는 것을 넘어, 조직의 장기적 목표와 전략에 부합해야 한다. 예를 들어, 조직이 AI를 활용하여 고객 경험을 개선하려는 목표를 가지고 있다면, 관련 분야의 전문가와 협업하여 구체적인 솔루션을 설계하는 데 집중해야 한다. 이러한 명확한 방향성은 협업의 효율성을 높이고, 중복되거나 불필요한 작업을 방지한다.

전문가 협업은 다양한 산업과 분야의 전문가를 포함해야 한다. AI는 단일한 기술이나 분야에 국한되지 않고, 금융, 의료, 제조, 교육 등 거의 모든 산업에 적용 가능하다. 따라서 리더는 AI 전문가뿐만 아니라 데이터 과학자, 엔지니어, 디자이너, 산업 전문가 등 다양한 배경을 가진 사람들과 협력해야 한다. 예를 들어, 의료 AI 솔루션을 개발할 때는 기술 전문가와 의료 분야의 임상 전문가가 협력하여 기술적 타당성과 실제 현장 적합성을 동시에 고려해야 한다. 이처럼 다양한 관점을 통합하면 AI 프로젝트의 성공 가능성을 크게 높일 수 있다.

네트워킹은 기술적 연결을 넘어 비즈니스적 통찰을 공유하는 장으로 활용되어야 한다. 리더는 AI 기술의 가능성과 한계를 이해하기 위해 기술 전문가와 소통해야 하지만, 동시에 비즈니스적 관점에서 그들의 통찰을 얻는 데 중점을 두어야 한다. 예를 들어, AI 컨퍼런스나 워크숍에 참여하여 기술적 트렌드를 이해하는 동시에, 다른 리더들과의 대화를 통해 시장에서 AI가 어떻게 사용되고 있는지에 대한 실제 사례를 학습할 수 있다. 이는 리더가 AI의 활용 방법을 더 잘 이해하고, 자신의 조직에 맞는 전략을 수립하는 데 큰 도움이 된다.

전문가 협업을 성공적으로 실행하기 위해서는 신뢰와 투명성이 필수적이다. AI 프로젝트는 종종 민감한 데이터와 복잡한 의사결정을 포함하므로, 협력하는 모든 파트너 간의 신뢰와 투명성이 중요하다. 리더는 협업 초기 단계에서 명확한 목표와 기대치를 설정하고, 데이터 공유, 의사결정 프로세스, 리스크 관리 방안 등에 대한 합의를 이루어야 한다. 예를 들어, AI 기반 고객 분석 프로젝트를 위해 외부 데이터 과학자와 협력할 경우, 데이터의 사용 목적과 보호 방안에 대한 명확한 기준을 설정해야 한다. 이는 협업 과정에서의 갈등을 최소화하고, 프로젝트의 성공 가능성을 높인다.

리더는 AI 커뮤니티에 적극적으로 참여해야 한다. AI는 지속적으로 진화하는 기술이므로, 최신 동향과 아이디어를 얻기 위해 관련 커뮤니티와 네트워크에 참여하는 것이 중요하다. AI 관련 컨퍼런스, 세미나, 해커톤, 온라인 포럼 등은 리더가 전문가와 직접 소통하고 새로운 기술과 사례를 학습할 수 있는 기회를 제공한다. 예를 들어, 글로벌 AI 컨퍼런스인 NeurIPS나 CES에 참석하면 최신 AI 기술과 산업 트렌드를 파악하고, 관련 분야의 전문가와 네트워크를 구축할 수 있다. 이러한 커뮤니티 참여는 리더가 AI 분야에서 지속적으로 학습하고 성장하는 데 중요한 기반이 된다.

AI 협업을 위한 네트워킹은 글로벌 관점을 포함해야 한다. AI는 국경을 넘어 글로벌하게 발전하는 기술이며, 글로벌 전문가와의 협업은 혁신적인 아이디어와 기술에 접근하는 데 중요하다. 리더는 국제적인 AI 커뮤니티와 연결되고, 글로벌 전문가와 협력하여 새로운 시장 기회를 탐색할 수 있어야 한다. 예를 들어, 유럽의 AI 규제 트렌드나 아시아의 AI 스타트업 생태계를 이해하면, 글로벌 시장에서 경쟁 우위를 확보하는 데 도움이 된다.

리더는 또한 내부 팀과 외부 전문가 간의 협력을 촉진해야 한다. AI 프로젝트는 종종 조직 내부 팀과 외부 전문가 간의 협업이 필요하며, 리

AI 마인드셋과 AI력(力)으로 리더하라!

더는 이 두 그룹 간의 소통을 원활하게 하는 다리 역할을 해야 한다. 예를 들어, 내부 데이터 팀이 외부 AI 컨설턴트와 협력하여 고객 행동 분석 모델을 개발하는 경우, 리더는 이들이 공통의 목표를 공유하고 효과적으로 협력할 수 있는 환경을 조성해야 한다. 이를 위해 정기적인 회의, 명확한 역할 분담, 실시간 피드백 시스템을 도입할 수 있다.

리더는 AI 시대의 네트워킹과 협업에서 지속적인 학습과 피드백을 강조해야 한다. 협업은 단순히 기술적 문제를 해결하는 데 그치지 않고, 모든 참여자가 학습하고 성장할 수 있는 기회가 되어야 한다. 리더는 협업 과정에서 발생하는 성공과 실패 사례를 분석하고, 이를 통해 조직과 개인의 AI 역량을 지속적으로 향상시켜야 한다. 예를 들어, AI 프로젝트가 기대했던 결과를 달성하지 못했다면, 그 원인을 분석하고 향후 협업에서 개선할 수 있는 방안을 도출해야 한다.

AI 시대의 네트워킹과 전문가 협업은 리더의 필수적인 역량이다. 리더는 명확한 목표 설정, 다양한 전문가와의 협력, 신뢰와 투명성, 글로벌 관점, 내부-외부 협력 촉진, 지속적인 학습과 피드백을 통해 성공적인 협업을 이끌어야 한다. **"AI는 기술의 문제가 아니라, 올바른 사람들과 협력하여 올바른 방향으로 나아가는 과정이다. 리더는 이를 가능하게 하는 중심축이 되어야 한다."**

AI 관련 최신 트렌드와
정보 소스 활용법

AI가 급격히 발전하면서 리더들은 최신 트렌드와 정보에 뒤처지지 않기 위해 지속적으로 학습하고 적응해야 한다. AI 기술은 비즈니스의 운영 방식과 전략을 변화시키며, 이를 따라잡지 못하면 경쟁에서 도태될 가능성이 높다. 리더는 새로운 정보를 빠르게 습득하고, 이를 조직의 전략에 반영하는 능력을 갖추는 것이 필수적이다. AI 관련 최신 트렌드와 정보를 얻는 효과적인 방법을 살펴보자.

AI의 최신 트렌드를 이해하려면 먼저 신뢰할 수 있는 정보 소스를 식별하는 것이 중요하다. AI는 기술적으로 복잡하고 빠르게 변화하기 때문에, 관련 정보를 검증된 소스에서 얻어야 한다. 신뢰할 수 있는 정보 소스로는 AI 전문 연구기관(예: OpenAI, DeepMind), 기술 기업(예: Google, Microsoft, IBM), 학술 저널(예: Nature, IEEE) 등이 있다. 이러한 기관과 기업은 최신 연구 결과와 기술 발전을 발표하며, 이는 AI 트렌드를 이해하는 데 매우 유용하다. 또한, 이들 소스에서 제공하는 보고서와 백서를 활용하면 AI의 현재 상태와 미래 전망을 더 깊이 이해할 수 있다.

AI 관련 최신 정보를 얻는 또 다른 방법은 기술 컨퍼런스와 이벤트에 참여하는 것이다. AI 분야의 주요 행사에서는 최신 기술과 응용 사례가 발표되며, 업계 리더와의 네트워킹 기회도 제공된다. 예를 들어, NeurIPS(Neural Information Processing Systems)는 AI와 기계 학습 분야의 최신 연구를 공유하는 대표적인 학술 대회다. CES(Consumer Electronics Show)와 같은 대형 기술 박람회에서는 AI 기반 제품과 서비스의 상업적 응용 사례를 살펴볼 수 있다. 이러한 행사는 리더들이 AI 기술의 실제 응용 가능성을 이해하고, 트렌드를 선도하는 기업과 연결될 수 있는 중요한 기회를 제공한다.

리더들은 AI 관련 뉴스와 블로그를 정기적으로 구독해야 한다. 빠르게 변화하는 AI 기술과 트렌드를 실시간으로 파악하려면 신속한 정보 접근이 필수적이다. AI 전문 뉴스 사이트(예: AI Times, VentureBeat AI), 기술 블로그(예: Towards Data Science, OpenAI Blog), 산업 뉴스(예: TechCrunch, Wired) 등은 AI 기술의 발전 상황과 산업 내 적용 사례를 신속하게 전달한다. 이러한 소스는 기술적 세부 사항뿐만 아니라, 비즈니스에 미치는 영향과 관련된 통찰을 제공하기 때문에 리더들에게 특히 유용하다.

AI 관련 서적과 연구 보고서도 최신 트렌드를 이해하는 데 중요한 자원이다. 서적은 AI 기술과 트렌드에 대한 체계적인 개요를 제공하며, 연구 보고서는 특정 기술이나 응용 사례에 대한 깊이 있는 분석을 포함한다. 예를 들어, 《Artificial Intelligence: A Guide to Intelligent Systems》와 같은 책은 AI의 기초 개념과 현재 응용 기술을 이해하는 데 유용하다. 또한, Gartner, McKinsey, PwC와 같은 컨설팅 회사에서 발표하는 보고서는 AI 트렌드와 시장 전망을 분석하며, 비즈니스 리더들에게 실행 가능한 인사이트를 제공한다.

리더들은 AI의 최신 동향을 이해하기 위해 온라인 학습 플랫폼과 웹세미나를 적극 활용해야 한다. Coursera, edX, Udemy와 같은 플랫폼은 최신 AI 기술을 다루는 강좌를 제공하며, 리더들이 기술적 이해를 높이는 데 도움을 준다. 또한, 기업과 기관에서 제공하는 무료 웹세미나나 워크숍은 특정 주제에 대해 심층적으로 배우고 전문가와 직접 소통할 기회를 제공한다. 예를 들어, Google의 AI 플랫폼 팀이 제공하는 실시간 세미나는 Google Cloud AI 도구의 최신 기능과 사용 방법을 학습하는 데 유용하다.

AI 트렌드를 파악하는 또 다른 효과적인 방법은 소셜 미디어와 온라인 커뮤니티를 활용하는 것이다. LinkedIn, Twitter와 같은 플랫폼은 AI 전문가와 기업이 최신 정보를 공유하는 주요 채널이다. 예를 들어, OpenAI의 CEO나 Google AI 팀의 트윗을 팔로우하면 새로운 기술 발표와 인사이트를 실시간으로 얻을 수 있다. 또한, Reddit의 r/MachineLearning과 같은 온라인 커뮤니티는 기술적 질문을 토론하고, 흥미로운 연구를 공유하는 데 유용하다.

AI 트렌드와 관련된 정보를 효과적으로 활용하려면 수집한 정보를 정리하고 우선순위를 설정하는 것이 중요하다. AI는 광범위한 기술과 응용 분야를 포함하므로, 리더는 조직의 비즈니스 목표와 연관된 정보를 중심으로 학습해야 한다. 예를 들어, 제조업 리더라면 AI를 활용한 자동화와 공급망 최적화에 관한 트렌드에 집중하고, 금융 업계의 리더라면 AI 기반 리스크 관리와 고객 분석에 관한 정보를 우선적으로 학습해야 한다. 이를 통해 리더는 수집된 정보를 조직의 전략과 실행 계획에 통합할 수 있다.

또한, **리더는 AI 트렌드와 관련된 학습 결과를 팀과 공유해야 한다.** AI는 조직 전반에 영향을 미치므로, 리더가 습득한 지식을 팀과 공유하여 조직 전체의 학습 곡선을 가속화할 수 있다. 이를 위해 내부 워크숍이나 브리핑 세션을 열고, AI 트렌드와 그에 따른 비즈니스 기회를 팀원들과 논의할 수 있다. 이러한 지식 공유는 조직이 AI에 대한 집단적 이해를 강화하고, 새로운 기술에 대한 채택을 가속화하는 데 기여한다.

AI 관련 정보를 학습하는 과정에서 리더는 비판적 사고와 균형 잡힌 관점을 유지해야 한다. AI 기술과 응용 사례는 때로 과대평가되거나 제한점을 간과하는 경향이 있다. 리더는 기술의 잠재력뿐만 아니라, 윤리적 문제, 데이터 품질, 기술적 한계 등 현실적인 측면도 고려해야 한다. 예를 들어, AI 기반 의사결정 시스템이 편향된 데이터를 사용하여 부정확한 결과를 초래할 가능성을 평가하고, 이를 방지하기 위한 대책을 논의해야 한다.

AI 관련 최신 트렌드와 정보를 지속적으로 학습하는 것은 리더의 필수적인 과제다. 신뢰할 수 있는 정보 소스 식별, 컨퍼런스와 이벤트 참여, 뉴스와 블로그 구독, 온라인 학습 플랫폼 활용, 소셜 미디어와 커뮤니티 참여 등은 리더가 AI 트렌드를 파악하고 조직에 통합하는 데 유용한 방법들이다. "AI 시대의 리더는 정보를 빠르게 습득하고 실행 가능한 통찰로 전환할 수 있는 능력을 갖춰야 한다. 이는 기술을 넘어 미래를 준비하는 리더의 필수 역량이다."

【AI 관련 주요 트렌드 및 정보 플랫폼】

구분	플랫폼명	URL	주요 특징
국내	AI타임즈	https://www.aitimes.kr/	AI 기술, 산업 트렌드, 국내 AI 정책 등을 다루는 전문 뉴스 플랫폼
	ET뉴스 (전자신문)	https://www.etnews.com/	IT 및 AI 관련 최신 소식과 산업 동향을 신속하게 전달
	ZDNet Korea	https://zdnet.co.kr/	글로벌 IT 트렌드와 AI 관련 뉴스를 한국어로 제공
	더비즈니스리포트	https://www.thebiznews.net/	국내 AI 스타트업 동향과 비즈니스 적용 사례를 중점적으로 다룸
	KISTI 과학기술정보	https://www.kisti.re.kr/	AI 및 과학 기술에 대한 연구보고서와 데이터를 제공하는 국가 연구기관 플랫폼
해외	OpenAI 블로그	https://openai.com/blog	GPT 및 생성형 AI 관련 기술 업데이트와 연구 결과를 제공
	DeepMind 블로그	https://www.deepmind.com/blog	딥러닝 및 강화학습 관련 최신 연구 및 응용 사례를 공유
	Towards Data Science	https://towardsdatascience.com/	AI 및 데이터 과학 관련 심층 분석과 실무 팁을 제공하는 블로그 플랫폼
	AI Trends	https://www.aitrends.com/	AI 산업 뉴스, 기술 동향, 비즈니스 활용 사례를 다루는 전문 매체
	Venture Beat AI	https://venturebeat.com/ai/	AI 스타트업 및 투자 관련 뉴스, 기술 트렌드, 사례를 폭넓게 다룸
	MIT Technology Review	https://www.technologyreview.com/	AI와 혁신 기술 트렌드에 대한 심층적인 기사와 분석 제공
	TechCrunch AI	https://techcrunch.com/tag/ai/	AI 및 스타트업 기술 동향, 글로벌 이벤트 소식 제공

AI 마인드셋과 AI력(力)으로 리더하라!

13장

지속 가능성과 AI 시대의 윤리적 리더십

AI 시대 윤리적 의사결정의 중요성

AI 기술은 사회와 기업에 엄청난 잠재력을 제공하며, 혁신과 효율성을 높이는 데 기여하고 있다. 그러나 이와 동시에 AI의 활용이 가져올 수 있는 윤리적 문제와 책임에 대한 우려도 커지고 있다. AI 시대의 리더는 기술의 힘을 단순히 활용하는 것을 넘어, 윤리적 기준에 따라 책임 있는 의사결정을 내릴 수 있는 능력을 갖춰야 한다. 윤리적 의사결정은 단순히 법적 규제를 준수하는 것을 넘어, 기업의 신뢰와 지속 가능성을 보장하는 핵심 요소로 자리 잡고 있다.

AI가 가져오는 윤리적 문제는 다양하다. 대표적인 예는 알고리즘 편향과 차별이다. AI는 데이터를 기반으로 학습하고 결정을 내리지만, 이 데이터가 편향되었거나 불완전하다면 AI 역시 편향된 결과를 낼 수 있다. 예를 들어, 채용 AI가 특정 성별이나 인종에 대해 불공정한 결정을 내린 사례가 이미 보고된 바 있다. 이러한 문제가 발생하면 기업은 신뢰를 잃고 법적, 사회적 책임에 직면할 수 있다. 따라서 리더는 AI 시스템이 사용하는 데이터와 알고리즘의 공정성을 검토하고, 편향을 줄이기 위한 프로세스를 수립해야 한다.

또 다른 주요 윤리적 문제는 AI의 투명성과 설명 가능성이다. 많은 AI 시스템은 "블랙박스"처럼 작동하여, 그 결과가 어떻게 도출되었는지 이해하기 어렵다. 예를 들어, 금융기관에서 대출 승인을 거절할 때, 고객은 그 이유를 명확히 알고 싶어 한다. AI가 의사결정 과정에서 불투명성을 보인다면, 신뢰를 잃고 법적 문제로 이어질 가능성이 크다. 리더는 AI의 결정 과정이 이해 가능하고 투명하게 운영될 수 있도록 요구하고, 이를 구현하기 위한 기술적 접근법을 도입해야 한다.

데이터 프라이버시는 AI 시대에 가장 논란이 되는 윤리적 이슈 중 하나다. AI는 대규모 데이터를 처리하고 학습함으로써 작동하지만, 이 과정에서 개인의 민감한 정보가 노출되거나 오용될 가능성이 있다. 예를 들어, AI 기반 마케팅 도구가 고객 데이터를 무분별하게 수집하고 활용한다면, 이는 개인정보 보호법(GDPR, CCPA 등)을 위반하는 행위가 될 수 있다. 리더는 데이터 활용에 대한 명확한 원칙과 절차를 마련하고, 고객의 동의를 기반으로 데이터를 수집하고 처리하도록 보장해야 한다.

AI의 윤리적 사용은 기업의 사회적 책임(CSR)과도 밀접하게 연결된다. 오늘날 소비자와 투자자들은 기업이 사회적 가치를 창출하고 윤리적 책임을 다하기를 기대한다. AI를 활용해 사회적 문제를 해결하거나 환경 보호에 기여하는 기업은 더 큰 신뢰와 지지를 얻을 수 있다. 반대로, AI를 비윤리적으로 활용하거나 사회에 부정적인 영향을 미친다면, 평판 손상과 함께 시장에서의 입지를 잃을 수 있다. 리더는 AI 기술을 활용한 프로젝트가 사회적 가치와 기업의 비전에 부합하는지 지속적으로 점검해야 한다.

윤리적 의사결정의 중요성은 기업의 리스크 관리와도 연결된다. AI의 잘못된 활용은 법적 제재와 평판 손상을 초래할 수 있으며, 이는 기업의 재무적 손실로 이어질 수 있다. 예를 들어, AI가 소비자 보호법을 위반하거나, 인권 문제를 야기한 경우, 기업은 막대한 벌금과 함께 브랜드 이미지에 치명적인 타격을 입을 수 있다. 리더는 AI 프로젝트의 모든 단계에서 윤리적 리스크를 평가하고, 이를 완화하기 위한 사전 조치를 취해야 한다.

윤리적 의사결정을 내리기 위해서는 명확한 내부 정책과 거버넌스 구조가 필요하다. AI 기술의 사용 기준과 윤리적 원칙을 명시한 정책을 수립하고, 이를 실천하기 위한 거버넌스 체계를 구축해야 한다. 예를 들어, AI 윤리위원회를 구성하거나, 데이터 관리와 AI 개발에 대한 감독 시스템을 마련할 수 있다. 이러한 구조는 윤리적 문제를 사전에 예방하고, 기업이 책임 있는 AI 활용 문화를 조성하는 데 기여한다.

AI 시대의 윤리적 리더십은 포괄성과 다양성을 포함해야 한다. AI가 공정하게 작동하려면, 이를 설계하고 관리하는 팀 역시 다양한 배경과 관점을 반영해야 한다. 포괄성이 결여된 팀은 자신도 모르게 편향된 시스템을 설계할 가능성이 높다. 리더는 AI 프로젝트에 참여하는 팀원들이 다양한 인종, 성별, 문화적 배경을 대표하도록 노력해야 하며, 이를 통해 AI 시스템이 다양한 사용자 그룹의 요구를 더 잘 반영할 수 있도록 해야 한다.

AI의 윤리적 문제를 해결하기 위해, 리더는 외부 전문가와 협력할 필요

AI 마인드셋과 AI력(力)으로 리더하라!

도 있다. 윤리적 의사결정은 종종 기술적, 법적, 사회적 문제를 포함하므로, 외부 윤리 전문가, 변호사, 학계와 협력하여 더 나은 결정을 내릴 수 있다. 예를 들어, AI 윤리 컨설턴트를 고용하거나, 학술 연구 기관과 협력하여 AI 기술의 사회적 영향을 평가할 수 있다. 이러한 협력은 기업의 의사결정이 더 깊이 있고 균형 잡힌 방식으로 이루어지도록 돕는다.

AI 시대의 윤리적 의사결정은 기업의 지속 가능성과도 밀접하게 연결된다. 윤리적 관행을 유지하는 기업은 장기적으로 고객과의 신뢰를 구축하고, 직원의 충성도를 높이며, 투자자의 신뢰를 얻을 수 있다. 반대로, 윤리적 문제를 간과하는 기업은 단기적인 이익을 얻을 수 있을지 모르지만, 장기적으로는 시장에서 도태될 위험이 크다. 리더는 윤리적 의사결정을 장기적 성공의 필수 요소로 간주하고, 이를 비즈니스 전략의 중심에 두어야 한다.

AI 시대의 윤리적 의사결정은 단순한 선택의 문제가 아니라, 조직의 성공과 실패를 좌우하는 중요한 요소다. 리더는 AI 활용 과정에서 윤리적 기준을 명확히 설정하고, 이를 실천하기 위한 체계와 문화를 구축해야 한다. **"AI는 윤리적 기준 위에서만 진정한 혁신을 이루며, 윤리적 리더십은 기술이 사회적 가치를 창출하도록 이끄는 힘이다."**

개인정보 보호와 AI의
책임 있는 사용

AI 기술의 발전은 대규모 데이터 분석과 활용을 통해 비즈니스와 사회에 혁신적인 가치를 제공하고 있다. 그러나 이와 동시에 개인정보 보호와 책임 있는 사용에 대한 우려도 점차 커지고 있다. AI가 민감한 개인 데이터를 활용하여 놀라운 결과를 도출할 수 있지만, 이 과정에서 데이터 오용이나 프라이버시 침해가 발생할 가능성이 있다. 리더는 AI 기술의 잠재력을 최대한 활용하면서도 윤리적 책임과 개인정보 보호를 철저히 준수하는 균형 잡힌 접근이 필요하다. 이는 기업의 신뢰도를 유지하고, 법적 리스크를 최소화하며, 지속 가능한 성장을 이루는 데 필수적이다.

AI가 개인정보를 처리할 때 직면하는 주요 도전 중 하나는 데이터의 수집과 저장 과정에서의 투명성이다. 고객의 데이터를 수집하는 기업은 이 데이터가 어떻게 사용되고 보호되는지 명확히 알려야 한다. 그러나 많은 경우, 데이터 사용 목적이 불투명하거나 고객의 동의 없이 데이터를 활용하는 사례가 발생한다. 예를 들어, AI 기반 마케팅 도구가 고객의 구매 이력과 행동 데이터를 분석하여 맞춤형 광고를 제공하는 경우,

고객이 자신의 데이터가 어떻게 사용되는지 모른다면 이는 신뢰 문제로 이어질 수 있다. 리더는 데이터 수집과 저장 과정에서 투명성을 확보하고, 고객이 데이터를 제공하는 과정에서 명확한 동의를 얻도록 정책을 수립해야 한다.

개인정보 보호의 또 다른 중요한 요소는 데이터의 최소 수집 원칙이다. AI는 더 많은 데이터를 활용할수록 강력한 결과를 도출할 수 있지만, 이는 꼭 필요한 데이터만을 수집해야 한다는 윤리적 원칙과 상충될 수 있다. 예를 들어, 고객의 생년월일, 주소, 결제 정보 등 모든 데이터를 수집하는 대신, 특정 서비스 제공에 꼭 필요한 데이터만을 수집하는 것이 윤리적이고 효과적인 방법이다. 리더는 데이터 수집의 범위를 최소화하고, 민감한 정보의 수집 여부를 철저히 검토해야 한다.

AI가 데이터를 처리하는 과정에서 데이터 보안은 가장 중요한 요소 중 하나다. 해킹이나 데이터 유출 사고는 기업의 신뢰를 심각하게 훼손하며, 법적 제재로 이어질 수 있다. 예를 들어, 대규모 데이터 유출 사고로 인해 많은 기업이 막대한 벌금을 부과받고, 고객의 신뢰를 잃은 사례가 있다. 이를 방지하기 위해, 리더는 데이터 암호화, 접근 권한 제어, 정기적인 보안 점검 등의 보안 조치를 철저히 시행해야 한다. 특히, AI 모델이 클라우드 환경에서 운영되는 경우, 클라우드 서비스 제공자의 보안 기준을 명확히 확인하고, 데이터 보안 계약을 체결해야 한다.

익명화와 비식별화는 데이터 보호의 중요한 기술적 접근 방식이다. AI가 데이터를 처리하기 위해 반드시 개인을 식별할 수 있는 정보가 필요하지는 않다. 고객 데이터를 비식별화하거나 익명화함으로써, AI는 동일한 수준의 결과를 도출하면서도 프라이버시 침해의 위험을 줄일 수 있다. 예를 들어, 병원의 AI 모델이 환자의 이름 대신 질병 정보와 치료 데이터를 기반으로 예측 모델을 구축한다면, 데이터 유출 시 개인의 프라이버시가 보호될 가능성이 높아진다. 리더는 비식별화와 익명화 기술을 적극적으로 도입하여 데이터 활용과 개인정보 보호의 균형을 맞춰야 한다.

AI의 책임 있는 사용은 법적 규제를 철저히 준수하는 데서 시작한다. 세계 각국은 개인정보 보호를 위한 법적 규제를 강화하고 있으며, 대표적인 예로 유럽연합의 GDPR(General Data Protection Regulation)과 미국의 CCPA(California Consumer Privacy Act)가 있다. 이러한 규제는 데이터 사용 목적의 명확성, 데이터 소유권 보장, 데이터 삭제 권리 등 개인정보 보호를 위한 엄격한 기준을 제시한다. 리더는 이러한 규제를 면밀히 검토하고, 조직 내 데이터 처리 관행이 이를 완전히 준수하도록 보장해야 한다. 이를 위해 내부적으로 데이터 보호 담당자를 지정하고, 정기적으로 데이터 보호 프로세스를 점검하는 것이 효과적이다.

AI가 데이터 활용에서 윤리적 책임을 다하려면, 조직 내 교육과 인식 제고가 필수적이다. 데이터와 AI를 다루는 직원들이 개인정보 보호의 중요성과 이를 위한 구체적인 절차를 이해하도록 교육 프로그램을 운영해야 한다. 예를 들어, AI 개발자와 데이터 분석가가 데이터 처리 과정에서 윤리적 문제를 식별하고 이를 해결할 수 있는 능력을 갖추도록 지원해야 한다. 이러한 교육은 단순히 법적 요구 사항을 충족하는 것을 넘어,

AI 마인드셋과 AI력(力)으로 리더하라!

조직 전체가 책임 있는 데이터 활용 문화를 구축하는 데 기여한다.

AI와 개인정보 보호에서 중요한 또 다른 과제는 편향과 차별 방지다. AI 모델은 학습 데이터를 기반으로 동작하기 때문에, 데이터에 내재된 편향이 AI의 의사결정에 영향을 미칠 수 있다. 예를 들어, 신용 점수를 평가하는 AI가 특정 인구 집단에 불리하게 작용하는 데이터를 학습한 경우, 차별적 결과를 초래할 수 있다. 이를 방지하기 위해, 리더는 데이터의 품질과 다양성을 철저히 검토하고, 편향이 최소화된 데이터를 사용해야 한다. 또한, AI 모델의 결과를 지속적으로 모니터링하여 차별적인 의사결정을 감지하고 개선할 수 있는 프로세스를 구축해야 한다.

AI의 책임 있는 사용은 기술적 문제뿐만 아니라, 윤리적 리더십과도 깊이 연결된다. 리더는 조직이 단기적인 이익보다 장기적인 신뢰와 지속 가능성을 우선하도록 방향을 제시해야 한다. 예를 들어, 데이터 활용 과정에서 윤리적 논란이 발생할 경우, 리더는 명확한 기준에 따라 결정을 내리고, 조직의 행동이 사회적 가치에 부합하는지 점검해야 한다. 이는 조직이 신뢰받는 브랜드로 성장하는 데 중요한 역할을 한다.

개인정보 보호와 AI의 책임 있는 사용은 AI 시대 리더가 반드시 고려해야 할 핵심 과제다. 데이터 수집과 활용의 투명성, 보안 강화, 규제 준수, 교육과 인식 제고, 편향 방지 등의 노력을 통해, 리더는 AI의 잠재력을 최대한 활용하면서도 윤리적 책임을 다할 수 있다. **"AI 기술의 진정한 가치는 데이터를 보호하고 책임 있게 사용하는 데 있으며, 이를 실천하는 리더만이 신뢰받는 미래를 만들어 갈 수 있다."**

【 생성형 AI 사용 시 개인정보 보호를 위한 주요 활동】

활동 영역	구체적 활동
데이터 수집 및 관리	− 개인정보 최소 수집 원칙 준수 (최소한의 데이터만 수집) − 데이터 수집 시 명확한 목적과 사용자 동의 확보 − 데이터 암호화 및 안전한 저장 방식 채택
데이터 활용	− 데이터 익명화 및 비식별화 기술 활용 − 데이터 사용 시 법적 규제(GDPR, CCPA 등) 준수 − 민감한 데이터 활용 시 추가 동의 및 내부 정책 마련
AI 모델 개발 및 훈련	− AI 학습 데이터셋의 출처 검증 및 저작권 준수 − 학습 데이터에서 개인정보 노출 여부 사전 점검 − 훈련 중 발생 가능한 편향 제거 및 공정성 확보
AI 시스템 운영 및 모니터링	− 개인정보 보호 영향 평가(Privacy Impact Assessment, PIA) 수행 − AI 모델 결과의 투명성과 설명 가능성 보장 − 정기적인 보안 점검 및 업데이트
사용자 권리 보장	− 데이터 열람, 수정, 삭제 요청에 대한 사용자 권리 보장 − AI의 개인정보 처리 방식에 대한 명확한 정보 제공 − 데이터 사용 목적 및 활용 방식 변경 시 사용자 통지
조직 차원의 관리 체계	− 개인정보 보호 전담 부서 또는 책임자(DPO) 지정 − 개인정보 보호를 위한 내부 교육 및 지침 마련 − 데이터 보호 및 AI 윤리 정책 문서화

AI 마인드셋과 AI력(力)으로 리더하라!

저작권 보호와 나만의
맞춤형 AI의 사용

AI는 콘텐츠 생성부터 분석, 전략 실행까지 다양한 분야에서 혁신적인 가능성을 열어주고 있다. 그러나 AI가 창출하는 결과물과 이를 활용하는 과정에서 저작권 보호 문제와 맞춤형 AI 개발에 대한 요구가 동시에 대두되고 있다. AI 시대의 리더는 저작권과 지적 재산권(IP)을 보호하는 윤리적이고 책임 있는 사용 방안을 마련하는 동시에, 조직의 목표에 부합하는 맞춤형 AI를 구축해 경쟁 우위를 확보해야 한다. 이는 단순히 법적 문제를 회피하는 수준을 넘어, 조직의 지속 가능성과 차별화를 결정짓는 핵심 요소다.

AI 활용과 저작권 문제는 주로 AI가 생성한 콘텐츠의 소유권과 관련된다. 예를 들어, 생성형 AI가 작성한 글, 제작한 이미지, 또는 생성한 코드의 저작권은 누구에게 귀속되는가에 대한 논란이 있다. 이는 AI를 개발한 기업, AI를 사용하는 사용자, 또는 AI가 학습한 데이터 소유자 간의 복잡한 법적 문제를 야기한다. 특히, AI가 기존의 저작물을 학습해 새로운 콘텐츠를 생성할 경우, 원 저작권자의 권리가 침해될 가능성이 있다. 리더는 이러한 상황에서 법적 분쟁을 방지하기 위해 AI 활용 시 명확한 저작권 정책과 절차를 수립해야 한다.

AI가 학습하는 데이터의 출처와 사용 목적 역시 저작권 문제와 깊이 연관되어 있다. 많은 AI 모델은 대규모 데이터셋을 기반으로 훈련되며, 이 데이터셋에는 저작권이 보호되는 콘텐츠가 포함될 수 있다. 예를 들어, 생성형 AI가 학습한 데이터 중 일부가 특정 작가나 예술가의 작품이라면, 이를 기반으로 생성된 콘텐츠가 저작권 침해로 간주될 수 있다. 리더는 AI가 학습하는 데이터의 출처를 철저히 검토하고, 데이터 사용에 대한 법적 허가를 확보해야 한다. 또한, 데이터 라이선스 계약을 체결하거나 공공 데이터셋을 사용하는 방식으로 저작권 문제를 최소화할 수 있다.

AI 사용 시 저작권을 보호하기 위한 실질적인 방법 중 하나는 투명성과 책임성을 강화하는 것이다. AI가 생성한 결과물에 대해 원 데이터와 학습 과정을 명확히 공개하면, 콘텐츠의 출처와 권리를 명확히 정의할 수 있다. 예를 들어, AI가 생성한 보고서나 이미지를 사용할 때, AI가 어떤 데이터를 학습했는지, 그리고 생성 과정에서 어떤 알고리즘을 사용했는지를 기록하고 공개하는 것이 필요하다. 이는 저작권 논란을 방지하는 동시에, 조직이 책임 있는 AI 사용 문화를 구축하는 데 기여한다.

저작권 문제를 해결하면서도 AI의 잠재력을 극대화하려면 나만의 맞춤형 AI를 개발하는 것이 효과적이다. 맞춤형 AI는 조직의 고유한 데이터와 목표를 반영하여 설계되므로, 일반적인 AI 솔루션보다 높은 효율성과 경쟁력을 제공한다. 예를 들어, 한 의료 기업이 자사 환자 데이터를 기반으로 맞춤형 진단 AI를 개발하면, 해당 AI는 일반적인 의료 AI보다 특정 질병 진단에 더 높은 정확도를 제공할 수 있다. 이는 조직의 차별화를 강화하고, 시장에서 독점적인 지위를 확보하는 데 기여한다.

맞춤형 AI를 개발하려면 먼저 조직의 요구사항과 목표를 명확히 정의해야 한다. 모든 조직이 동일한 AI 솔루션을 필요로 하는 것은 아니므로, 맞춤형 AI를 설계하기 전에 조직의 문제와 기회를 분석하고, 이를 해결하기 위한 구체적인 AI 기능을 설정해야 한다. 예를 들어, 제조업체는 생산 라인의 효율성을 높이기 위한 예측 유지보수 AI를 원할 수 있으며, 금융 기업은 리스크 관리를 위한 AI 솔루션을 우선적으로 개발할 수 있다. 리더는 이러한 필요를 명확히 파악하고, 맞춤형 AI 개발 프로젝트를 체계적으로 계획해야 한다.

맞춤형 AI를 구축하는 과정에서 데이터 품질과 다양성을 확보하는 것이 중요하다. AI 모델의 성능은 학습 데이터에 크게 의존하므로, 조직이 보유한 데이터의 정확성과 포괄성을 점검해야 한다. 예를 들어, 고객 서비스 AI를 개발하려는 조직은 다양한 고객의 요구와 문제를 반영한 데이터셋을 구축해야 한다. 이는 AI가 특정 그룹의 요구를 간과하거나 편향된 결과를 생성하는 것을 방지한다. 리더는 데이터 수집과 정제 과정을 감독하고, 학습 데이터가 조직의 목표에 부합하도록 보장해야 한다.

맞춤형 AI의 성공적인 개발을 위해서는 전문가와의 협력이 필수적이다.

AI 개발에는 데이터 과학자, 엔지니어, 도메인 전문가 등이 필요한데, 이들은 각각의 전문성을 활용하여 AI 솔루션의 정확성과 효과를 높인다. 예를 들어, 소매업체가 재고 관리 AI를 개발할 때, 데이터 과학자는 알고리즘을 설계하고, 소매 전문가가 재고 관리 프로세스를 정의하며, 엔지니어가 이를 시스템에 통합할 수 있다. 리더는 이러한 협업이 원활히 이루어질 수 있도록 지원하고, 팀 간의 소통을 촉진해야 한다.

맞춤형 AI를 성공적으로 활용하려면 지속적인 업데이트와 개선이 필요하다. AI 기술은 빠르게 발전하며, 환경과 데이터 또한 끊임없이 변화한다. 따라서 맞춤형 AI는 초기 개발 단계에서 끝나는 것이 아니라, 지속적으로 성능을 평가하고 새로운 데이터와 요구를 반영하여 업데이트해야 한다. 예를 들어, 고객 행동 데이터가 변화함에 따라 마케팅 AI 모델을 업데이트하거나, 새로운 법적 규제에 맞춰 데이터 처리 방식을 수정하는 것이 필요할 수 있다. 리더는 AI가 지속적으로 최신 상태를 유지하고, 조직의 목표와 일치하도록 관리해야 한다.

AI 시대의 저작권 보호와 맞춤형 AI 사용은 리더에게 중요한 도전이자 기회다. 저작권 문제를 예방하기 위해 데이터의 출처와 사용 목적을 명확히 하고, 투명성과 책임성을 강화해야 한다. 동시에, 조직의 경쟁력을 높이기 위해 맞춤형 AI를 설계하고, 이를 통해 고유한 가치를 창출해야 한다. **"AI는 단순히 기술이 아니라, 신뢰와 창의성을 바탕으로 조직의 미래를 만들어가는 도구다. 이를 올바르게 활용하는 리더만이 지속 가능한 성공을 이룰 수 있다."**

미래를 내다보는 AI 시대
리더의 역할

AI 시대가 급격히 발전하면서, 리더의 역할은 단순히 조직의 운영을 관리하는 것을 넘어 기술과 사회적 변화를 예견하고, 이를 활용해 조직의 지속 가능한 미래를 설계하는 데까지 확대되고 있다. AI 기술은 기업의 성과와 효율성을 크게 향상시키는 도구가 될 수 있지만, 그 과정에서 윤리적, 사회적, 경제적 도전을 동반한다. 미래를 내다보는 AI 시대 리더는 이러한 도전 속에서 기회를 발견하고, 조직을 올바른 방향으로 이끄는 전략적 사고와 실행력을 갖추어야 한다.

AI 시대의 리더는 기술 변화의 선두에 서야 한다. 이는 단순히 AI 기술의 트렌드를 이해하는 데 그치지 않고, 이를 조직의 전략적 목표와 연결시키는 능력을 요구한다. 예를 들어, 리더는 생성형 AI, 예측 분석, 자연어 처리 등 다양한 기술의 활용 가능성을 평가하고, 이를 통해 고객 경험 개선, 운영 효율화, 시장 점유율 확대 등 구체적인 성과를 도출할 수 있는 방안을 모색해야 한다. 기술의 빠른 발전 속도에 뒤처지지 않기 위해, 리더는 최신 기술 정보를 꾸준히 습득하고, 필요한 경우 전문가의 조언을 구해야 한다.

AI 리더십에서 중요한 또 다른 요소는 윤리적 책임감이다. AI 기술은 기업의 경쟁력을 강화할 수 있지만, 잘못된 활용은 사회적 신뢰를 훼손하고 법적, 윤리적 문제를 초래할 수 있다. 예를 들어, 데이터 편향으로 인해 특정 그룹에 불공정한 결과를 초래하거나, 개인정보 보호 규정을 위반하는 경우, 조직은 심각한 평판 손실과 법적 리스크를 감수해야 한다. 리더는 AI 시스템의 설계와 운영 과정에서 윤리적 기준을 준수하도록 관리하고, 조직 내 모든 구성원이 책임감을 가지고 AI를 활용하도록 문화를 형성해야 한다. 이는 단기적인 이익을 넘어 장기적인 신뢰와 지속 가능성을 확보하는 데 필수적이다.

미래를 내다보는 리더는 변화를 수용하고 조직을 혁신하는 데 적극적이어야 한다. AI는 전통적인 비즈니스 모델과 프로세스를 근본적으로 재구성할 수 있는 잠재력을 가지고 있다. 예를 들어, 제조업에서는 AI 기반 예측 유지보수를 통해 비용을 절감하고, 금융업에서는 AI를 활용해 리스크를 분석하며, 유통업에서는 AI 기반 고객 맞춤형 추천 시스템을 통해 매출을 증대시킬 수 있다. 리더는 이러한 변화를 기회로 인식하고, 조직의 전략과 운영 모델을 혁신하기 위한 구체적인 계획을 수립해야 한다. 이를 위해 직원들과 열린 대화를 나누고, 조직의 모든 구성원이 변화 과정에 참여할 수 있도록 독려해야 한다.

AI 시대 리더의 역할 중 하나는 지속 가능한 경영을 위한 장기적인 비전을 제시하는 것이다. AI는 단기적으로는 비용 절감과 효율성 증대에 기여할 수 있지만, 장기적으로는 환경 보호, 사회적 공헌, 투명한 거버넌스 등 지속 가능한 경영 목표를 지원하는 데 중점을 두어야 한다. 예를 들어, AI를 활용해 탄소 배출을 모니터링하고, 재생 가능 에너지의 활용을 최적화하며, 윤리적 공급망 관리를 강화할 수 있다. 리더는 AI 기술이 조직의 지속 가능성 목표에 어떻게 기여할 수 있는지 명확히 정의하고, 이를 실현하기 위한 구체적인 전략을 수립해야 한다.

미래를 내다보는 리더는 협력과 네트워크를 통해 혁신을 촉진해야 한다. AI 기술은 매우 복잡하고 다차원적인 분야이기 때문에, 단독으로 모든 문제를 해결하기는 어렵다. 리더는 학계, 산업계, 정부 등 다양한 이해관계자들과 협력하여 AI의 잠재력을 최대한 활용할 수 있는 생태계를 구축해야 한다. 예를 들어, AI 연구소와의 협업을 통해 최신 기술을 도입하거나, 정부와 협력해 데이터 공유 및 표준화 작업을 진행할 수 있다. 이러한 협력은 기술 혁신을 가속화하고, 조직이 시장에서 경쟁 우위를 확보하는 데 기여한다.

AI 시대 리더는 직원들의 역량을 강화하고 학습 문화를 조성해야 한다. AI 기술이 조직에 성공적으로 도입되기 위해서는, 직원들이 새로운 기술을 이해하고 활용할 수 있는 역량을 갖추어야 한다. 리더는 조직 내 AI 교육 프로그램을 개발하고, 직원들이 최신 기술을 학습할 수 있는 기회를 제공해야 한다. 예를 들어, AI 워크숍, 실습 프로젝트, 온라인 학습 플랫폼 등을 통해 직원들이 기술을 실질적으로 경험하고 적용할 수 있도록 지원해야 한다. 이는 조직의 전반적인 AI 활용 능력을 강화하고, 직원들이 변화에 적극적으로 참여하도록 동기를 부여한다.

AI 시대 리더는 리스크 관리와 대응 전략을 구축해야 한다. AI 기술은 많은 기회를 제공하지만, 동시에 예상치 못한 리스크를 초래할 수 있다. 예를 들어, AI 시스템의 오류로 인해 의사결정이 잘못되거나, 데이터 유출 사고가 발생할 수 있다. 리더는 이러한 리스크를 사전에 식별하고, 이를 최소화하기 위한 방안을 마련해야 한다. 이를 위해 리더는 정기적으로 AI 시스템을 점검하고, 데이터 보안 정책을 강화하며, 위기 상황에서 빠르게 대응할 수 있는 프로세스를 수립해야 한다.

마지막으로, AI 시대 리더는 사회적 책임과 공공의 이익을 고려해야 한다. AI 기술은 조직의 이익을 넘어 사회적 문제를 해결하는 데도 활용될 수 있다. 예를 들어, AI를 활용해 의료 서비스 접근성을 개선하거나, 교육 격차를 해소하거나, 환경 보호를 지원하는 프로젝트를 추진할 수 있다. 리더는 AI 기술을 통해 사회에 긍정적인 영향을 미치고, 조직의 사회적 가치를 강화할 수 있는 방법을 모색해야 한다.

AI 시대의 리더는 단순한 기술 수용자가 아니라, 기술의 가능성을 사회적 가치와 연결시키는 전략적 리더로서의 역할을 수행해야 한다. 기술 변화의 선두에 서고, 윤리적 책임감을 갖추며, 혁신과 지속 가능성을 추구하는 리더만이 AI 시대의 기회를 최대한 활용할 수 있다. **"AI 시대의 리더십은 기술과 윤리가 조화를 이루는 곳에서 시작된다. 미래를 내다보는 리더는 오늘의 결정을 통해 내일의 세상을 설계한다."**

【 AI 시대 바람직한 리더의 조건】

조건 영역	구체적 조건
기술 이해 와 활용	- AI와 데이터 분석의 기본 개념 및 활용 가능성 이해 - 최신 기술 트렌드와 AI 응용 사례에 대한 지속적인 학습 - 조직 목표와 AI 기술의 연계 능력
전략적 사고	- 기술 도입과 비즈니스 목표를 연결하는 장기적 비전 제시 - 기술 변화에 따른 산업 환경의 분석과 적응 - AI로 인한 리스크와 기회 요소를 균형 있게 평가
윤리적 리더십	- AI 기술 사용에서 투명성과 책임성을 중시 - 데이터 편향, 개인정보 침해 등 윤리적 문제 예방 - 사회적 가치 창출과 지속 가능성 실현
팀워크와 협력 촉진	- 다양한 팀(기술, 비즈니스, 법무 등) 간의 원활한 협업 리더십 - 직원들이 AI 기술을 이해하고 활용할 수 있도록 지원 - 조직 내 학습 문화와 변화 수용 태도 조성
적응성과 유연성	- 기술 변화와 시장 환경 변화에 신속히 대응 - 새로운 도구와 방법론을 실험하고 학습하는 자세 - 실패를 학습 기회로 전환하는 개방적 태도
커뮤니케이 션 능력	- AI 기술과 전략에 대한 명확한 메시지 전달 - 이해관계자와 팀원 간의 기대치를 조율하는 능력 - AI 기술의 효과와 한계에 대해 사실 기반으로 설득
사회적 책임 의식	- 지역 사회 및 환경에 긍정적 영향을 미치는 AI 활용 - 공정하고 포용적인 조직 운영 방침 마련 - 글로벌 윤리 기준 준수 및 선도적 역할 수행

AI 시대 준비된 리더만이 미래를 이끌 수 있다!

AI 시대는 단순히 기술의 혁신을 넘어, 사회와 경제의 모든 측면을 변화시키고 있다. 이 변화는 도전을 넘어 기회가 될 수 있지만, 이를 실현하는 것은 준비된 리더만이 할 수 있는 일이다. AI는 데이터를 기반으로 새로운 통찰을 제공하고, 의사결정을 지원하며, 생산성과 창의성을 극대화할 잠재력을 가지고 있다. 그러나 이 기술의 가능성을 현실로 만들기 위해서는 리더가 AI를 깊이 이해하고, 이를 조직의 전략과 문화에 성공적으로 통합할 수 있어야 한다.

AI 시대의 리더는 무엇보다 변화를 수용하는 태도를 가져야 한다. 변화는 항상 불확실성과 저항을 동반하지만, AI 시대의 변화는 필연적이며 거스를 수 없다. 리더는 이러한 변화를 두려워하기보다는 기회로 받아들이고, 새로운 기술과 관점을 조직의 성장과 혁신으로 연결시킬 수 있어야 한다. 이는 단순히 AI를 도입하는 것을 넘어, AI를 활용해 기존의 방식과 사고를 근본적으로 재구성하는 것을 의미한다. AI는 기존의 문제를 새로운 시각으로 바라보고, 더 나은 해법을 찾을 수 있는 도구다. 리더는 이를 활용해 경쟁에서 앞서 나가는 전략을 설계해야 한다.

AI는 조직의 모든 계층과 부서에 영향을 미치며, 리더는 이 과정을 촉진하고 조정하는 핵심 역할을 맡아야 한다. AI가 가져오는 변화를 성공적으로 조직에 뿌리내리기 위해서는 리더가 기술적 이해를 넘어, 조직 문화와 사람을 깊이 이해해야 한다. 직원들이 AI를 두려움이 아닌 기회로 받아들이도록 돕고, AI와 인간의 협업을 극대화할 수 있는 환경을 조성해야 한다. 이는 AI 기술 자체의 성공뿐만 아니라, 조직의 장기적 경쟁력과 생존 가능성을 결정짓는 요소다.

또한, AI 시대의 리더는 윤리적 책임감을 가져야 한다. AI는 강력한 도구이지만, 그만큼 오용될 가능성도 크다. 데이터 편향, 개인정보 침해, 사회적 불평등 등 AI의 부작용은 기술 그 자체보다 리더십의 실패에서 비롯되는 경우가 많다. 리더는 AI의 책임 있는 사용을 보장하고, 공정성과 투명성을 유지하며, 사회적 신뢰를 구축하는 데 앞장서야 한다. 윤리적 리더십은 단지 법적 규제를 준수하는 것을 넘어, 조직이 지속 가능한 방식으로 성장할 수 있도록 방향을 제시한다.

AI를 성공적으로 활용하기 위해 리더는 지속적인 학습과 성장을 추구해야 한다. AI는 고정된 기술이 아니라 끊임없이 발전하는 영역이며, 리더는 이러한 변화를 따라잡기 위해 끊임없이 배우고 적응해야 한다. 이는 새로운 기술을 학습하는 것뿐만 아니라, AI의 발전이 가져오는 사회적, 경제적, 법적 변화까지 이해하는 것을 포함한다. 리더가 배움을 멈추는 순간, 조직은 도태되기 시작한다. 따라서 리더는 자신의 학습 곡선을 가속화하고, 조직 전체에 학습 문화를 확산시켜야 한다.

마지막으로, AI 시대의 리더는 미래를 설계하는 비전을 가져야 한다. AI는 강력한 기술이지만, 방향성을 잃으면 혼란과 실패로 이어질 수 있다. 리더는 AI를 조직의 목표와 연결시키고, 이를 통해 구체적인 가치를 창출할 수 있는 비전을 제시해야 한다. 이는 단기적인 성과를 넘어, 조직의 지속 가능성과 사회적 가치를 모두 아우르는 포괄적인 접근을 요구한다. AI는 기업의 운영 방식을 혁신할 뿐만 아니라, 더 나은 세상을 만드는 데 기여할 수 있는 잠재력을 가지고 있다. 리더는 이 잠재력을 실현하기 위해 조직을 올바른 방향으로 이끌어야 한다.

AI 시대는 이미 시작되었고, 이 거대한 변화의 흐름 속에서 준비된 리더만이 성공을 거둘 수 있다. AI 기술은 모든 조직에 동일한 기회를 제공하지만, 이를 효과적으로 활용하는 리더만이 그 기회를 현실로 바꿀 수 있다. 준비된 리더는 기술적 통찰과 윤리적 책임, 변화에 대한 열린 태도와 지속적인 학습을 결합하여 조직의 미래를 설계한다. AI 시대의 성공은 더 이상 단순히 기술의 문제가 아니라, 리더십의 문제다.

"미래는 준비된 자에게 열린다. AI 시대를 이끌 준비가 된 리더는 기술의 힘을 바탕으로 더 나은 세상과 지속 가능한 조직을 만들어갈 수 있다. 당신은 준비된 리더인가?"

디지털과 AI 시대,
CEO와 리더를 위한 AI 리더십 지침서

AI 마인드셋과 AI력(力)으로 리더하라!

초판 1쇄 2025년 3월 5일

지은이 김용한
발행인 김재홍
교정/교열 김혜린
디자인 박효은
마케팅 이연실

발행처 도서출판지식공감
등록번호 제2019-000164호
주소 서울특별시 영등포구 경인로82길 3-4 센터플러스 1117호(문래동1가)
전화 02-3141-2700
팩스 02-322-3089
홈페이지 www.bookdaum.com
이메일 jisikwon@naver.com

가격 22,000원
ISBN 979-11-5622-920-9 13320